# Foc al cor

PUNT

DE TROBADA

Maria Carme Roca i Costa

# Foc al cor

cadí

**Coordinació editorial:** Jordi Ainaud i Escudero
**Maquetació:** Toni Clapés d'Arquer
**Disseny de la coberta:** Jesús Cruz



Quarta edició: febrer del 2007


Carrer Concepción Arenal, 144
08027 BARCELONA
ISBN: 978-84-474-1158-0
Dipòsit legal: LE-430-2007
Printed in Spain - Imprès a Espanya

EDITORIAL EVERGRÁFICAS, S L.
Carretera Lleó-La Corunya, km 5
LLEÓ (Espanya)

*A Lourdes, la meva "germana",*
*per ser com és*

# 1. Matins d'espera

Estic xop. No plou fort, però després de tanta estona d'esperar-me aquí, al carrer, la pluja m'ha anat calant de mica en mica. No porto paraigua; no he volgut fer cas a la Maria que m'ho ha dit quan sortia de casa: "Òscar, agafa'l, que et mullaràs!".

La veritat és que no n'hi acostumo a fer, de cas. Ella sempre diu que li porto la contrària i potser té raó. Ben pensat, no sé per què ho faig això, per vici suposo. I he de reconèixer que m'aniria millor si l'escoltés.

La Maria és com una mena de tieta o de germana gran. Jo la hi considero així tot i que només és la noia del servei.

Voreja els trenta anys, però no els aparenta. Em vaig quedar sorprès el dia que em va dir l'edat que tenia. Potser és perquè és menuda, alegre i es belluga molt ràpidament.

Fa cinc anys que és a casa, i això és molt perquè les anteriors ens havien durat molt poc. El meu pare comenta sovint que la culpa la té la mamà, diu que no les sap portar. I la meva mare es defensa dient que la culpa és d'elles, que avui en dia no hi ha bones professionals. La veritat és que a mi em va caure bé de seguida que la vaig veure, encara que no li faci cas.

I avui, és dels dies que n'hi hauria d'haver fet. Cada vegada plou més fort i les vambes comencen a fer el xup-xup característic de quan van plenes d'aigua. Quan torni a casa, em renyarà. Sembla que la senti: "Òscar, em dónes més feina tu que el teu germà i els teus pares junts".

La Maria, però, somriu dissimuladament. Sóc conscient que jo també li caic bé.

***

Aquest matí, l'autocar triga molt a venir i arribaré tard a l'escola. Ell també té la culpa que m'hagi mullat tant, perquè si hagués vingut a l'hora jo no hauria tret tantes vegades el cap de la portalada que em protegeix una mica de la pluja. I el vent tampoc no m'ajuda gens, al contrari; és un vent descarat que ve de sobte, sense avisar, atacant a traïció.

És un mal *rotllo* que el col·legi estigui fora de Barcelona. Envejo els nois que van a l'escola del barri, que amb un passeig ja hi són, que no han d'agafar cap mitjà de transport.

I l'autocar sense venir!

Sempre passa, quan plou. El trànsit esdevé impossible i l'Arnau, el conductor, té problemes per recollir-nos a tots. Jo sóc sempre el que s'ha d'esperar més perquè sóc l'últim del trajecte. L'Arnau ha de recollir primer els altres i fins que no arriba a l'alçada de la Diagonal, ja s'ha fet de nit. Bé, és una manera de parlar, perquè ja m'agradaria que es fes de nit, així m'estalviaria d'anar al col·legi. De fet, millor si arribo tard. A primera hora tinc un examen i no he estudiat gens. A qui se li acut posar un examen després de vacances? Al de *Mates*, naturalment!

No em renyaran. No haurà estat culpa meva si arribo tard. Serà l'Arnau, el conductor, qui haurà de donar explicacions. I les donarà, de ben segur, perquè si alguna cosa li agrada, a l'Arnau, és enrotllar-se. Li encanta xerrar. És una mica malcarat, però alhora té molta paciència amb nosaltres, especialment amb en *Lapaman*...

***

Canviant de tema, avui no hi és, el noi rentaparabrises, vull dir. Fa molts dies que no el veig, des d'abans de la Setmana Santa que no l'he vist més. Potser ha canviat de lloc... D'altra banda, és lògic que no vingui. D'ençà que he tornat a anar al *col·le*, ha plogut cada dia. La veritat és que poc negoci podria fer.

Cada matí, des de principi de curs que ens veiem aquí, a la mateixa cruïlla: Manuel Girona cantonada avinguda de Pedralbes; però per raons ben diferents: jo que espero l'autocar que m'ha de portar a l'escola, i ell que espera que els conductors es deixin netejar el parabrisa per recollir algunes monedes. Estic segur que a ell tampoc no li agrada fer el que fa. Com a mi, que no m'agrada anar a l'escola on vaig.

M'he fixat que, si pot, tria conductores.

"*Deja que te lo limpie, guapa!*", els diu amb un somrís que li va d'orella a orella.

"*Yo invito...*", afegeix, a vegades. Però això només passa quan la noia o la senyora de torn és molt maca.

Amb els homes no s'hi atreveix tant, i si fan cara seriosa perquè els deixin tranquils, se'n va tot seguit a la recerca d'una altra "víctima".

Després, quan els cotxes arrenquen, s'asseu a la vorera esperant que el semàfor vermell els faci aturar per "atacar-los" altre cop. I jo, m'espero recolzat a un fanal —sempre és el mateix— amb la motxilla entre les cames.

En certa manera, tots dos fem el mateix: esperem.

Sovint, ens mirem fit a fit. Jo intento aguantar-li la mirada, però sóc el primer d'abaixar els ulls. M'empipa fer-ho, però ell sap plantar més cara. I a mi em fa molta ràbia perquè, fins i tot, potser és més petit que jo... Quants anys deu tenir? No sembla tenir edat. No sé per què em passa això quan veig un noi del carrer. Amb els nois de l'escola no és així, sempre els identifico i puc endevinar fins i tot el curs que fan sense conèixer-los.

Si fa o no fa, deu ser com el meu germà, en Sergi, que té tretze anys, dos menys que jo.

Aquest curs no hi anem plegats a l'escola, amb en Sergi... però aquesta és una altra història.

***

Avui, l'autocar s'està passant de rosca. No m'agrada gens haver-lo d'agafar cada dia. Perdo moltes hores de la meva vida en aquesta cantonada, esperant simplement. Però ja m'ho va dir el pare: "Si suspens, et canviaré d'escola."

I va complir la seva paraula.

La qüestió és que ara estic en una mena de "presó" especialitzada en alumnes difícils. El meu pare es pensa que amargant-me la vida aconseguirà que sigui un home de profit, com diu ell.

Ni de bon tros! De moment, l'única cosa que ha aconseguit és posar-me furiós i en contra seu.

Però jo m'ho passo molt malament i el pitjor és que no vaig amb en Sergi...

I això que ell els ho va demanar: "Jo vull que l'Òscar es quedi a l'escola!".

Però no li van fer cas, tot i que el meu germà és la nineta dels seus ulls. La qüestió és que també l'han fumut, perquè la veritat és que ens trobem a faltar molt.

***

Estic avorrit. És molt pesat això d'esperar-se sol, si almenys hagués vingut "ell" —em refereixo al noi rentaparabrises— em distrauria observant el que fa.

Però aquest matí, ell i la seva colla no han aparegut.

Com es deu dir?

No ho sé. M'ho he preguntat moltes vegades. Un dels seus companys es diu Manuel, ho sé perquè alguna vegada he sentit com "ell" el cridava així.

Sembla de raça gitana, em recorda molt en Joaquin Cortés, aquell ballarí de flamenc tan famós, però sense bigoti, ni barba. Porta els cabells tallats igual, uns cabells negres, molt negres, que de tant que ho són, semblen blaus quan els fa brillar la llum del sol.

Sí, ell i la seva colla semblen gitanos. Ara que, jo en sé ben poc d'ells. Només conec el que he sentit explicar a la Maria que abans vivia en un barri, a Hostafrancs, on n'hi ha molts. Fins i tot, quan era molt jove, va tenir un *nòvio* gitano. Segons m'ha explicat la Maria, van estar molt enamorats. Però tenien una manera diferent de veure la vida, van tenir força problemes i al final ho van deixar córrer. La Maria es posa trista quan parla d'aquell temps.

***

Si ho arribo a pensar, hauria tingut temps d'anar a casa a buscar el paraigua. Visc ben a prop, només he de caminar uns quants metres. Però m'ha fet mandra i, la veritat, no he pensat que trigués tant.

Em sembla que ja el veig venir... Sí que l'és! Ja era hora!

—Puja, noi! Si que vas xop! —em crida l'Arnau.

La que faltava, que l'Arnau em vingui amb presses, com si hagués estat jo qui ha fet tard!

I m'assec a l'únic seient lliure que hi ha dins l'autocar: al costat d'en *Lapaman*, un individu que va a la meva classe, un perfecte impresentable.

—Hola, tu... —em saluda.

Avui he estat de sort amb el seu salut. Altres vegades és molt més expeditiu i em diu coses com: cara tacada o pèl-pebrot.

A en *Lapaman*, no li agraden els pèl-rojos, està claríssim. I jo ho sóc molt.

Sí, avui no em puc queixar, el que m'hagi dit "tu", és un bon símptoma, la millor finesa que em podia dedicar.

En això del trajecte tinc mala sort. Com que sóc l'últim que recullen, no puc triar mai seient i sempre em toca el sòmines del *Lapa*.

A més, és un brut. Deixa sempre el seient ple de pipes, papers de *chuches* i d'altres porqueries. I l'Arnau... Déu n'hi do com s'emprenya! La feina és meva per a no carregar-me-la perquè, és clar, el *Lapa* prou que es cuida de tirar les culpes als altres.

Al davant seuen els petits, generalment van adormits. Això em fa recordar quan jo ho era, de petit, i anava en autocar. El trajecte se'm feia molt curt perquè m'adormia tot seguit; em semblava que no havien passat ni cinc minuts que ja havia arribat a l'escola. Si ho rumio bé, m'he passat moltes hores de la meva vida a dalt dels autocars.

En *Lapaman* fa uns sorolls horribles quan menja, sembla un monstre de pel·lícula cruspint-se una de les seves víctimes. He de concentrar-me i fer un gran esforç per a no marejar-me. A vegades em vénen basques. Aleshores, intento pensar o distreure'm en alguna altra cosa. He de reconèixer, però, que no m'és difícil...

Molt a prop, tot just al seient del darrere, seu l'Eugènia, que sempre seu al costat de la Laura, la seva amiga. De tant en tant em giro aprofitant-me de qualsevol excusa i la miro, però ella no em fa cas.

D'altra banda, no em puc queixar, que jo sàpiga no li agrada cap altre noi i això vol dir que tinc esperances. Si sortís amb algú seria diferent.

Eugènia, somnis llunyans, planers, oasi dels meus infortunis... Voldria ser poeta per poder immortalitzar els meus sentiments. M'agrada des del primer dia que la veig veure, en començar el curs. D'aleshores ençà, cada dia m'atrau més...

—Tens un boli, Òscar?

M'ha semblat impossible sentir la seva veu. Bàlsam de les meves ferides, llum de la meva ànima. I m'he quedat uns segons en silenci, assaborint la seva pregunta abans de respondre, fent veure que buscava el que ella m'havia demanat.

—Aquest t'anirà bé... ja me'l tornaràs després.

M'hauria agradat dir-li que ja se'l podia quedar, però calia lligar una propera trobada; no se sap mai quina pot ser la decisiva.

Eugènia, ulls de mel...

Que maca que és! Té els cabells rossos i arrissats i a mi m'agradaria posar la mà entre els seus rínxols... Ella és l'única que em permet sobreviure a la "presó", l'únic al·licient que tinc per a anar a l'escola.

A vegades, l'Eugènia em desconcerta amb les seves preguntes:

"Per què no estudies?", em va preguntar un dia. I no vaig saber què contestar... potser perquè ja en sabia la resposta.

Ho podria fer si volgués, però no em dóna la gana, així de clar. Tinc els meus motius...

Un lleu sentiment de recança m'envaeix de cop. Potser li agradaria més a l'Eugènia, si estudiés.

Bah, ximpleries!

De tota manera, he d'aconseguir apuntar-me amb ella quan es faci algun treball en grup. A les noies els agrada ajudar els desvalguts i jo ho estic molt. No va de broma, que ho dic molt seriosament.

Eugènia, ulls de mel...

# 2 . Febre que crema

No he pogut anar a l'escola, em trobo molt malament, malament de veritat. No és bola.

A la nit, gairebé no he dormit gens. Un fort mal de coll, acompanyat de mal de cap, d'esgarrifances intermitents i d'un mareig horrible, s'han fet amics meus.

Abans que me n'anés al llit, la Maria em va donar una aspirina amb una camamilla i em va dir que feia molt mala cara.

A la tarda ja no em trobava gaire bé, però vaig pensar que em passaria dormint. Sovint em passa que l'únic que tinc és cansament.

Els pares no hi eren, havien anat a fora a sopar, ho fan sovint. Els papàs, quan no tenen reunions de feina, tenen alguna gresca amb els seus amics. Millor, així el meu germà i jo ens quedem veient la tele fins que ens cansem de sentir com ens renya la Maria: "Ja n'hi ha prou, nois! Au, a dormir!"

***

Al matí, molt aviat, m'he llevat vomitant i, en veure'm, la Maria s'ha posat molt nerviosa. No sabia què fer, i per això ha despertat la meva mare.

La mamà, els dies que ve tard a dormir, ens té dit que no la despertem, que si se li trenca el son després té molt mal de cap. S'aprofita que no té problemes d'horaris. En realitat, se'ls posa ella, els horaris; per això és la mestressa de la galeria d'art on treballa.

Així doncs, la Maria l'ha avisat.

—Té molta febre, senyora...

En veure'm, la mamà m'ha fet un petó al front com per comprovar la temperatura i ha deixat anar un "Jesús!" d'allò més eloqüent.

Estava molt nerviosa —més encara que la Maria—, i ha trucat tot seguit al metge.

—Déu meu, no localitzo el doctor Camprubí! —ha cridat mentre es feia un embolic amb el fil de l'aparell telefònic a la mà.

La mamà té una fe cega en el doctor Camprubí i a mi no m'agrada gens. Et passi el que et passi, ell ho arregla sempre tot amb el mateix tipus de medicines. Amb una cosa, però, estic d'acord amb la mamà: metges com el doctor Camprubí no en queden, gràcies a Déu, i per fortuna per a l'espècie humana.

Així que, en vista de l'èxit, en vindrà un d'aquests d'urgències que generalment són sud-americans.

Mentrestant, he sentit en Sergi que s'afanyava per anar a l'escola.

—Quina mala pinta que fas, tio... —m'ha dit molt convençut.

I se n'ha anat amb unes quantes galetes a la mà; diu que són per al camí. El meu germà és una llima menjant, a vegades, de tant com menja, li fa mal i tot.

Quan ha pogut —després del tràfec telefònic—, la mamà ha tornat a entrar a la meva habitació fent un seguit d'escarafalls.

—Òscar, rei, com et trobes? —m'ha preguntat mentre m'acaronava el front bullent.

—Pse...

No li he volgut dir que fatal, prou que s'esvera per unes dècimes de no res.

Avui tindrà més migranya de l'acostumada; quan es posa nerviosa per alguna cosa sempre li passa. I després trucarà al papà tot i que li té dit que no li truqui al despatx per explicar-li qüestions domèstiques, i li dirà que no hi ha dret, que no es cuida gens de nosaltres —d'en Sergi i de mi—, i ell l'engegarà dient-li que no té res més a fer a part d'encarregar-se d'una galeria d'art que no funciona. I això és mentida perquè sí que funciona, però el papà no connecta gens amb les inquietuds artístiques de la mamà. No sé pas com ella el pot aguantar.

La meva mare, fa cosa d'un parell d'anys que dirigeix una galeria d'art a la rambla de Catalunya. Des de sempre que ho havia volgut fer. Li agrada molt això de l'art i té molta traça per a descobrir artistes o per a fer l'exposició adequada en el moment més oportú, i diuen que té molt de gust. A més, és llicenciada en Belles Arts.

A mi m'agrada molt anar-hi i que m'expliquin coses, la mamà i els amics que sempre volten per allà, vull dir. El papà rondina quan hi vaig, a ell li sembla que es una pèrdua de temps i que hauria d'aprofitar per estudiar en lloc de jugar a ser un "pintamones". El meu pare és molt radical en les seves opinions.

***

Què deu estar fent "ell"?

Avui tampoc no el veuré i és una llàstima perquè és molt possible que hi vagi. No plou, el sol brilla amb força i en Luismi tindrà feina. He decidit posar-li Luis Miguel, Luismi, per als amics. Li escau, aquest nom.

Sí, avui estarà molt enfeinat perseguint cotxes. És molt àgil, en Luismi, sempre és el que neteja els vidres més ràpidament. Els altres, es veuen més mandrosos. En són tres o quatre, i a vegades, també els acompanya una noia. Un d'ells acostuma a vendre *La Farola* —jo no he llegit mai cap d'aquests diaris—; un dia d'aquest en compraré un. Un altre ven mocadors i la resta netegen els parabrises.

El més feiner és en Luismi. Ho tinc comprovat, és el que fa més diners i no sé pas què deu dir als conductors, que a ell no l'engeguen tan sovint a pastar fang com als seus companys. Potser és el somrís: en Luismi és molt especial.

***

—Faràs una bona crescuda, noi! —m'ha aventurat el metge.

Potser sí, sempre em passa quan em poso malalt tot i que ara feia força temps que no havia emmalaltit.

La veritat és que per a ser un metge d'aquests que vénen amb preses, és força simpàtic. I jove, se m'ha fet estrany acostumat com estic a veure el fòssil del doctor Camprubí.

El metge aquest ha fet la broma de dir que creixeré. Només em faltava això, com si no en tingués prou amb el meu metre vuitanta-cinc. No m'agradaria ser gaire més alt perquè, entre d'altres coses, no m'agrada gens el bàsquet, i tinc la sensació que, si ets molt alt, només et pots dedicar al bàsquet; si no, ets com una mena de gegant mal aprofitat.

A mi, el que m'agrada en realitat, és ballar. Sí, sí, tot tipus de dansa. Bé, el ball només no, també m'agrada molt el tennis. Al tennis, el papà, m'hi va apuntar des que era molt petit i la veritat és que sóc força bo. Aquest any tinc moltes possibilitats de pujar molts llocs a la classificació i, qui sap, seria fantàstic poder-m'hi dedicar professionalment, però el meu pare diu que primer he d'estudiar. Ell no ho entén, si no m'hi dedico ara, després serà tard.

I si tinc prou problemes per a dedicar-me al tennis d'una manera més intensiva, no em vull ni imaginar què passaria si li digués que vull ser ballarí. Posaria el crit al cel!

La Maria està al cas dels meus gustos dansaires i moltes vegades posem música i ballem. "Ballem una rumba, Maria!", li demano sovint. Ella hi accedeix, sap que m'entusiasma i me n'ha ensenyat molt. M'agradaria apuntar-me a cursets d'aquests de ball de saló.

El papà es posaria fet una fera: té una opinió molt masclista dels nois que ballen, a tots els veu una pila de marietes. El papà s'equivoca de totes, totes; a mi m'agraden molt les noies, bé les noies no, l'Eugènia. Però em diverteix deixar-me portar per la música i sentir com el meu cos es mou al seu so, amb gràcia, amb equilibri.

El papà és un carca que no entén res de res.

***

—Òscar, rei, estàs millor? —m'ha preguntat la mamà dolçament entrant de sobte a l'habitació.

La mamà voldria que la medicació que m'ha receptat el metge i que diligentment ha anat a buscar la Maria a la farmàcia ja m'ha hagués fet efecte.

Ah! Per cert, l'Òscar-rei sóc jo. Des de petit que m'ho ha dit sempre: "Ets el meu rei, Òscar".

En Sergi, en canvi, és en Sergi-vida i el papà... depèn.

Quan la mamà està de bon humor és l'Adolf-*carinyo* o papà simplement. La meva mare és una mica cursi, però m'agrada molt quan ens tracta així, amb tendresa. És una de les raons per les quals em compensa posar-me malalt, sentir com es preocupa per mi.

Pateix molt quan estem malalts. És molt exagerada i, a la més mínima, ens fa fer tota mena d'anàlisis i proves amb el doctor Camprubí, evidentment. El pare diu que és una hipocondríaca —em va costar molt aprendre aquesta paraula— i que ens encomanarà les seves manies. Avui, però, la mamà en té motiu perquè no és habitual que jo agafi els quaranta graus de temperatura.

El coll em continua fent molt de mal. El metge m'ha dit que en tinc per uns quants dies.

—Me n'haig d'anar, Òscar, rei. Fes bondat...

I després de donar mil i una instruccions a la Maria, la mamà se n'ha anat dient que li era impossible quedar-se ja que avui inauguraven una nova col·lecció d'un individu que es veu que fa composicions artístiques amb runa. Tota la colla d'amics de la mamà de segur que hi diran la seva. I a mi ja m'agradaria sentir el que diu el papà sobre aquesta mena d'art que per a ell és una bona rifada. Jo no hi entenc, però a mi m'agrada.

Un patrip-patrap familiar que s'acosta pel passadís em distreu dels meus pensaments. Deu ser en Bob, el meu gos.

—No em trobo bé, Bob, avui no podré jugar amb tu...

Com si sabés que no em trobava bé, en Bob ha vingut a veure'm a la meva habitació i m'ha fet unes bones llepades a la cara, com si jo li fes llàstima.

És molt bona peça, en Bob. A ell li explico sempre les meves penes; avui, però, no em sento amb forces per a fer-ho. Estic derrotat per les angines.

***

El dia m'ha passat molt feixuc i em continuo trobant molt malament, és com si la febre m'estigués rostint per dins. A la tarda, en Sergi ha vingut i m'ha explicat les seves aventures de la jornada. Suposo que s'ha cregut en l'obligació de distreure'm una mica i la veritat és que ho ha fet. Durant el dia, l'he trobat a faltar.

Quina sort que té en Luismi!

Ell no deu anar mai a l'escola, almenys això sembla.

Algunes vegades hem parlat, molt poc, però. Quatre paraules, d'allò més just: "*¿Qué, esperando el autocar?*", em pregunta. I jo li contesto amb un: "I tu, què, netejant vidres?".

En Luismi fuma molt. Demana les cigarretes als conductors. Ho fa quan ha aconseguit recollir diners dels cotxes que "ataca". Sembla com si s'ho donés de premi, un petit descans que fa. S'ho tornen amb la colla que va. L'única que no veig fumar és la noia. No sé per què.

A vegades, s'asseu a la voravia i es queda llarga estona així, en silenci, observant, sotjant-ho tot amb una mirada que endevino trista, amargada.

# 3. Corredisses

Tota la setmana passada em vaig haver de quedar a casa. Em va costar de fer baixar la febre. Ha estat un mal *rotllo* perquè m'he quedat com una figa. És molt agradable quedar-te al llit quan et trobes una mica malament, quan tens unes dècimes, per exemple. Però quan estàs fumut de debò, marejat, amb calfreds continus, amb un mal de cap insuportable i unes angines de cavall... és terrorífic.

El pitjor però, va ésser no poder veure l'Eugènia...

Què deu haver fet?

He estat temptat de trucar-li —tinc els telèfons de tots els companys de la classe—, però no m'hi he atrevit. Tinc por que em clavi un moc.

"Vindré dilluns...", vaig dir a en Raül, un company, quan em va trucar en veure que no havia anat a l'escola. En Raül i l'Eugènia són les úniques persones que em fan la vida suportable a la "presó". Però, tot i així, enyoro els amics d'abans...

En Sergi-vida va portar notes el divendres i això ha motivat que els pares estiguin contents tot el cap de setmana. En

Sergi és molt estudiós i com diu el pare: "Té un futur prometedor". Aleshores, quan fa aquestes reflexions em mira de reüll a mi —jo ja m'espero la seva mirada—, i deixa anar algun comentari avinent al cas. M'he de sentir coses com: "Depèn de com t'hagis preparat a la vida des de ben jove, així t'anirà...".

Si el meu pare em pogués llegir el pensament s'enfadaria molt, perquè jo —tot i que me l'escolto— tinc el cap en un altre lloc. En aquestes circumstàncies, per exemple, m'agafen unes terribles ganes de posar-me a ballar.

En Sergi-vida s'esforça sovint a donar-me consells, a vegades sembla la meva fada padrina. Em diu coses com: "Hauries de fer un esforç, tio, no queda gaire curs, si t'espaviles encara el podràs salvar".

Realment tinc el curs molt penjat, només m'escapo de la gimnàstica; això sí, d'aquesta assignatura sempre en trec un excel·lent. M'hi ajuda el fet que practico molt el tennis. En Sebastià, l'entrenador, se les té sovint amb el meu pare perquè vol que entreni més, i a mi prou que m'agradaria.

El papà diu que he de fer un mínim amb els estudis que avui en dia, ni que et dediquis a l'esport, s'ha d'estar preparat. Però jo sé que són excuses perquè el papà, el que voldria, és que fos arquitecte com ell. Li agradaria molt que amb en Sergi-vida féssim un equip.

Jo m'estimaria més portar la galeria d'art de la meva mare. Però el papà se les té amb la mamà quan veu que ella s'entusiasma amb mi explicant-me qüestions artístiques. Ell diu que m'omple el cap de fantasies inútils.

La Maria també hi diu la seva: "Primer estudia i després ja faràs el que voldràs, no portis tant la contra al teu pare, que ell només vol el millor per a tu".

No és que em sàpiga greu que em donin la seva opinió, però tinc la sensació que tothom decideix per mi. I ja n'estic tip.

Llavors, penso en la llibertat d'en Luismi.

***

I altre cop som dilluns i tot just s'està acabant el mes d'abril, i jo aquí, a la cantonada de sempre, esperant l'autocar, esperant que s'acabi el maleït curs.

No veig en Luismi, només hi ha la "la seva germana" —no sé si ho és però s'assemblen molt— que va de cotxe en cotxe intentant vendre mocadors —els venen caríssims—. La mamà, a vegades, els dóna alguna cosa. A la meva mare li agrada fer caritat. Sempre diu que hi ha gent que no ha tingut sort a la vida, que no tothom té les mateixes oportunitats i que aquestes s'han d'aprofitar. Jo m'ho prenc com un retret tot i que ella no ho diu com el pare. La mamà no em renya gaire, però en els seus ulls puc llegir que em desaprova per la meva actitud de passar de tot.

Però s'equivoquen, perquè jo no passo de tot, bé que treballo en el tennis. El que no m'agrada és estudiar i molt menys estudiar a la "presó"...

Per allà veig en Luismi. Va corrents al darrere d'un dels seus companys que s'està barallant de valent amb un altre individu a qui no he vist mai. Tots s'escridassen molt i es comencen a clavar cops de puny.

M'agradaria saber què passa. La germana —no estic segur que ho sigui— s'ha posat al mig i els distreu. Al final i amb l'aturada dels cotxes, en Luismi va per feina mentre aquells dos es continuen esbatussant. Si no s'aturen...

L'oportuna presència d'un guàrdia dispersa el grup. En Luismi ha hagut de deixar el parabrisa d'un cotxe a mig fer per poder escampar la boira. El seu company, el que s'estava barallant, fuig també tot eixugant-se la sang que li regalima pel llavi.

En escapolir-se del guàrdia, "ell" s'ha adonat que els mirava, i no ho sé, potser són manies meves, però m'ha semblat que li feia vergonya que els hagués vist. D'altra banda, no té cap motiu per a empipar-se perquè moltes vegades ells també m'observen a mi i jo em sento cohibit. Jo no em fico amb ells ni ells amb mi, però noto que els destorbo, és com si no els agradés tenir un testimoni de la seva feina.

"*Y tú, ¿qué miras?*", em va cridar un dia el que fa uns moments era protagonista de la batussa.

Aquest és el que es veu més mala peça. A vegades, quan la gent l'engega perquè no vol que li netegi el parabrisa, ell s'enfada molt i així que els cotxes es posen en marxa, els dóna una puntada de peu o els insulta. És un "bronques". No he vist mai que això ho faci en Luismi. No sé per què, però el veig diferent dels altres.

Encara recordo aquell dia que van haver de córrer perquè, un d'ells, un que semblava amic del "bronques", va robar la bossa del cotxe d'una senyora. El molt barrut es va aprofitar que la bona dona mirava no sé què del seu vehicle —ell ja havia procurat de distreure-la—, i aleshores li va agafar el moneder. Ella, ni se'n va adonar. Per poc que no em fico en un bon embolic perquè jo em vaig posar a cridar com un desesperat amb la intenció que algú m'ajudés a fer alguna cosa i l'únic que vaig aconseguir és que el "bronques" em digués de tot. De tota manera, ja no he vist més el "lladregot". Pel que sembla no el deixen venir. Tenen clar que no poden anar robant la clientela si és que volen "treballar" aquí.

La veritat és que s'ho prenen com una feina; aprofiten per ser aquí les hores de més trànsit. Un dia ho comentava a casa i el meu pare es va estranyar que hi fossin tan d'hora del matí. Segons ell, en altres punts de Barcelona, els rentaparabrises no apareixen fins passades les dotze del migdia. És un racista!

***

Quin pal, haver d'esperar tant!

La Maria em diu que no cal que surti de casa tan aviat, que ja sé que abans d'un quart i mig de nou, l'autocar no té temps d'arribar. Però a mi, quan sóc a casa, em sembla que si estic ja al carrer l'autocar vindrà més de pressa. El cert és que m'agrada venir abans per poder veure en Luismi i la seva colla.

L'inconvenient és haver d'estar esperant sol. Abans —de fet fins al curs passat—, en Sergi-vida i jo l'esperàvem junts. En una cruïlla diferent però, ja que l'autocar anava cap una altra direcció. Ell continua anant a la mateixa escola, la de sempre.

Doncs bé, al que anava, en Sergi es quedava literalment adormit pel carrer, però ja havíem trobat la solució: posàvem les dues motxilles, una al damunt de l'altra, ell s'hi asseia al damunt i jo li feia de respatller. I així fins que venia l'autocar. Amb el tema del dormir el meu germà té una autèntica creu. Ell seria capaç de dormir a dalt d'un pal de galliner. "Fins que no són les deu, jo no em desperto", diu sovint. I deu ser veritat perquè abans d'aquesta hora no hi ha Sergi, és com un zombi que pul·lula mecànicament, sense esma. Ell diu que no aprofita gaire la primera hora de classe del matí i que ha de fer veritables esforços per a concentrar-se. Ell rai, jo n'he de fer durant totes les hores del dia.

Avui tinc la sensació que seré jo qui s'adormirà, però només tinc una sola motxilla i no hi és en Sergi.

***

La colla de rentaparabrises s'ha calmat i han tornat a la feina aprofitant ce que el guàrdia, de moment, ha desaparegut.

Fan cara d'empipats, especialment en Luismi que ara s'ha aturat per fumar. Sembla delectar-se amb la cigarreta, mig aclucа els ulls i tot, com l'avi quan fuma havans. Els pares ens insisteixen molt —a en Sergi i a mi— que no fumem, ells no fumen tampoc. Bé, la mamà, fa anys, fumava molt. Ella ens explica que li va costar molt deixar-ho. Ho va fer quan es va quedar embarassada de nosaltres, de mi primer, és clar. Aleshores va decidir que no fumaria mes, però quan vam ser una mica més grans, hi va tornar tot i que no tant com abans. Ara ja fa cosa d'un any que diu que ho ha deixat definitivament i jo crec que ho aconseguirà. Amb l'avi és impossible pensar que ho deixi. D'altra banda la tos que té s'ha fet una amb ell. L'avi sense tos ja no seria el mateix i ell opina que si ha arribat fins als vuitanta, que encara pot arribar als cent i si ell ho diu...

Per fi, l'autocar.

Tant de bo hi sigui l'Eugènia. Algun dia, la bleda de la Laura podria fer festa. Li podria agafar un bon refredat o unes angines com les que jo he tingut i, així, jo podria seure a...

No es possible! El seient del costat de l'Eugènia és buit!

Sense pensar-m'ho dues vegades i amb un agradable pessigolleig a l'estómac, m'assec al seu costat.

# 4. Confidències i neguits

M'he sentit malament quan l'Eugènia m'ha dit que la Laura no podia venir perquè estava malalta; sembla que hi ha passa. Però, aleshores, m'he recordat del vudú, de la màgia negra i d'aquestes coses. Jo no li desitjo res dolent, a la Laura, de veritat, però d'altra banda tampoc no he pogut evitar d'alegrar-me que no hagi vingut.

En *Lapaman* m'ha trobat a faltar aquests dies, ho noto. Només d'arribar em feia senyals perquè m'assegués al seu costat. De bon grat li hauria fet una botifarra de les grosses, però m'he aguantat perquè estic condemnat a ser el seu veí de seient. I a més, quan torni la Laura, em veuré obligat altre cop a ser la seva "parella".

Pel que sembla, en *Lapaman*, en veure que la Laura no havia vingut, també feia senyals a l'Eugènia perquè segués amb ell. Com era de preveure, no ha tingut èxit.

Després d'un "hola" una mica escarransit que ens hem dedicat l'Eugènia i jo, ens hem quedat en un silenci que se m'ha fet interminable. No sabia què dir-li. Durant aquesta estona he estat donant voltes i més voltes a les possibles frases que podria dir per encetar conversa fins que, al final, cansat també perquè ella no em deia res, he deixat anar un...

—On vius?

I... he obtingut un silenci sepulcral de resposta.

Et sents molt malament quan no et contesten. M'he empassat un bon glop de saliva que ha ressonat dins la meva gola com per donar-me moral a mi mateix. Llavors, me l'he quedat mirant i he pogut comprovar que portava uns *walkman* posats i que per això no m'havia sentit. Un sospir d'alleugeriment m'ha sorgit del fons del cor.

—Què dius? —m'ha preguntat mirant-me tot d'una amb els seus ulls grans, melosos.

M'he sentit fondre per dins.

Però la meva alegria ha estat indescriptible quan he vist que desava els *walkman* i es girava una mica cap a mi disposada a tenir —semblava— una conversa.

—Té, el teu boli...—m'ha dit tot tornant-me el que jo li havia deixat dies enrere.

I jo l'he agafat sense saber massa què fer amb ell. Em sentia molt aturat, tenia ganes de dir moltes coses, de preguntar-les, de saber d'ella, però les paraules no em sortien de la boca com jo hauria volgut. Tanmateix, l'Eugènia, em parlava de l'últim disc compacte que s'havia comprat i que ara escoltava en una casset.

Amb tot això ja érem a la meitat del trajecte. No tenia gaire temps i, a dir veritat, en aquells moments els temes musicals no m'importaven gaire. Per fi, però, he pogut conduir la conversa a on m'interessava.

M'he assabentat que l'Eugènia i jo som gairebé veïns. Ella puja a la parada anterior, caminant només són uns minuts. Si m'atreveixo, un dia d'aquests aniré a la seva parada; a mi rai, no m'importa sortir més d'hora de casa.

***

M'ha explicat, també, que té un gos molt petit: un pequinès que es diu King-Kong. El tema dels gossos uneix la gent. Jo li he dit que tinc un setter molt gran que es diu Bob i, mentre li ho dic, m'adono que el meu gos té un nom que no és gens original (això de King-Kong m'ha impressionat). En Bob és molt gran i fa molta patxoca amb el seu pelatge tan vermellós. A la mamà, quan el va comprar, li va agradar per això, a ella li agrada molt el color vermell. Potser és perquè a casa és el color que domina: el setter és vermell, els seus fills i ella mateixa són pèl-roigs i... si pogués també tenyiria el papà (el meu pare té el cabell gris), però ja us podeu imaginar el que pensa el papà dels tints per als homes.

Entre d'altres coses, de cop, l'Eugènia s'ha quedat molt trista i m'ha dit que els seus pares estan separats i que no s'entén gens amb la dona que surt amb el seu pare.

—És una estúpida que pensa que sóc una nena a qui pot escridassar i manar quan vulgui —m'explica amb un to de veu dolgut.

Em sap greu perquè noto que pateix, però amb aquest tema no la puc ajudar gens ni mica.

No voldria que el recorregut s'acabés mai. Aniria molt lluny, continent enllà, allèn de la mar, però sembla que avui l'Arnau s'afanyi més que mai. I els semàfors tampoc no ajuden i no trobem ni una trista retenció. Res, l'autocar va directe cap al seu destí inevitable: la "presó".

M'agradaria quedar un dia del cap de setmana amb l'Eugènia. En tinc moltes ganes, però no m'atreveixo a dir-li-ho. Tinc por que em digui que no. Així, amb el dubte, puc acaronar l'esperança que em dirà que sí. No sé què fer, una lluita interior s'entaula dins meu.

Potser un altre dia.

***

—Has estudiat la Lite? —em pregunta de sobte destruint tot l'encís de la conversa (no hi ha cosa més destrempant que et parlin de temes escolars).

—Lite? Que hi ha examen?

I jo sense assabentar-me'n! La veritat és que no m'importa gaire, però davant de l'Eugènia no m'agrada donar aquest aire de tant se me'n dóna. D'altra banda avui tinc excusa, la mamà m'ha signat l'agenda explicant que he estat malalt i per unes hores els professors tindran pietat de mi.

***

Ni pensaments!

El supervisor m'ha cridat al despatx i m'ha caigut un esbronc històric.

—Ets conscient, Ribalta, que s'està acabant el curs?

Ho sóc perfectament, però no li ho he pogut dir, així tan directe, i he optat per callar educadament.

—Estàs tirant per terra tot un any escolar i no et pots permetre el luxe de repetir. D'altra banda, tens prou capacitat per a aprovar...

Ja hi som! La història de sempre: que si tinc molta capacitat, que si el que em falta és concentració, que si podria fer molt més...

Des de sempre els pares m'han portat al psicòleg; he sofert tot tipus de proves per a acabar sentint sempre el mateix: que el meu coeficient d'intel·ligència era molt alt però que em faltava motivació, que l'ombra d'un germà molt brillant ennuvolava els meus horitzons...

Potser quan era petit sí, però ara tot això no té cap sentit per a mi. La veritat és que no estic gelós del meu germà. Sí, de debò, estic content que en Sergi-vida tregui bones notes. De fet, per a mi és un descans, com que els meus pares estan molt contents d'ell, de mi en passen més. No tot el que jo voldria, però.

Avui m'he sentit estrany. La veritat és que no m'ha deixat indiferent la xerrada amb el supervisor. Voldria reorganitzar la meva vida, però no puc. No sé com fer-ho.

Ell també s'ha sorprès quan li he dit que necessitava ajut. I li ho he dit de veritat. No sé què fer, contínuament porto la contra al meu pare, no faig res de profit, excepte el tennis.

—Jo era feliç abans, quan anava a l'altra escola —explico a en Cornelles, el supervisor.

—Aleshores, per què no vas intentar aprofitar més el temps allà on anaves?

—Ja ho sé, ja ho sé, però el meu pare s'ha passat. I no és que aquí estigui malament, però la qüestió és que l'altra escola... era la meva escola!

En Cornelles m'ha mirat seriós i intrigat i després de rumiar força estona les seves paraules m'ha dit:

—Ja ho sé que el teu pare t'ha forçat a venir aquí, però pensa que el temps que perdis és teu, només teu.

Després d'una bona estona de xerrameca hem quedat com bons amics, no és mal tio en Cornelles. He de reconèixer que hi ha molt bona gent aquí, però jo no m'hi vull estar.

***

A l'hora de l'esbarjo, el pati bull de gresca i jo, en canvi, sento que em falta més aire per a respirar. Voldria oblidar —ni que fos per una estona— els meus neguits. Però no puc.

—Ens en falta un per al partit, véns a jugar? —em demana en Raül que sempre m'anima perquè jugui a futbol amb ell. És un bon element, en Raül, però me'n sento distanciat. El problema és que en el fons no ho vull que sigui amic meu; jo voldria estar amb els amics, amb els companys d'abans. No en vull saber res d'aquí, només l'Eugènia... bé i en Raül, també una mica.

El meu pare me l'ha fet massa grossa, aquesta no la hi podré perdonar mai. La mare em va dir que a ell també li havia sabut molt de greu prendre aquesta decisió. "Estàs obligant el teu pare a complir la seva paraula, Òscar, rei", em va dir la mamà al final del curs passat.

I jo no m'ho vaig voler acabar de creure.

Estic enfadat amb el meu pare, molt, però encara ho estic més amb mi mateix.

***

Aquest cap de setmana veuré els meus amics, els antics, vull dir. En tinc moltes ganes, especialment tinc ganes de trobar-me amb en Lluís. La nostra amistat ja fa força anys que dura. Ara, però, fa força dies que no ens veiem. Estic amoïnat perquè noto que ens estem distanciant. En començar el curs vaig pensar que podríem continuar veient-nos igualment, però tot es complica massa perquè, entre les classes i els entrenaments de tennis, em queda molt poc temps lliure.

—Què et passa, tio? —em pregunta de sobte en Raül—. Sempre et veig de mal humor. A la classe és una cosa, però al pati o a la sortida no has d'anar sempre amb aquest mal *rotllo*.

En acabar el partit —que al final m'he decidit a jugar—ho explico a en Raül, que és conscient de la meva mala lluna.

—Ho sento, no va per tu, però m'hauria agradat continuar anant a l'escola d'abans. De primer, pensava que podria avesar-me aquí, però la veritat és que no...

—A mi també em van canviar d'escola, és clar que fa anys i quan ets petit és més fàcil fer-te amb tothom.

Ara em sento malament perquè tinc la sensació que li he donat un moc a en Raül i no s'ho mereix. Tota l'estona parlant-li dels companys de la meva anterior escola com si ell no existís. En Raül s'ha portat molt bé amb mi durant tot l'any: ell és qui m'ha presentat la resta dels companys, qui m'ha ensenyat els trucs de l'escola...

"Vigila amb el Pesti, no té pietat de ningú" , em va aconsellar des del primer dia.

El Pesti és el profe de Mates i en Raül es queda curt amb aquesta afirmació perquè és un veritable sàdic. Gaudeix de suspendre els alumnes i jo sóc una de les seves víctimes preferides. Crec que ha estat encantat de trobar-me, sempre és bo comptar amb una nova víctima i jo en sóc de les bones. Només cal veure com somriu quan em torna un examen on ha estampat un bonic zero...

***

Però, el meu pare me l'ha fet massa grossa.

La Maria em diu el de sempre: que he de fer una mica més de cas als meus pares i tot anirà millor, que ja tindré temps de decidir.

La Maria em renya molt, però és curiós, no em puc enfadar mai amb ella. Potser és la seva manera de parlar. És fantàstica i molt especial, no es queixa mai de res, manté un optimisme constant. A ella li ho explico tot, bé, quasi tot, perquè amb la meva mare, no ho sé, no m'acabo de deixar anar i amb el papà és totalment impossible, només vol tenir la raó ell.

M'estimo molt la Maria, i tinc por que se'n vagi, que com totes, no suporti les exigències de la meva mare en les qüestions domèstiques. Un dia li ho vaig dir: "No n'estàs tipa, de la meva mare?". Em va contestar que no i se'm va quedar mirant molt estranyada. Em va dir que la meva mare feia el que havia de fer i que ella estava molt contenta perquè guanyava un bon sou. La Maria és molt especial.

Jo em pensava que les noies de servei feien aquesta feina perquè no n'havien trobat cap altra. Doncs la Maria no del tot: té estudis, no superiors, però en té. Ella diu que necessita treballar i que prefereix estar aquí, on només ha d'aguantar una família, que anar venent per les cases o fer de caixera en un supermercat o qualsevol cosa d'aquestes, per exemple. A vegades m'ha explicat que amb el temps voldria establir-se pel seu compte. Voldria posar un saló de bellesa, però això val molts diners i, de moment, estalvia. A més, diu que té molts avantatges a casa, que la meva mare és molt generosa i que sempre li dóna roba quasi nova. Em fa l'efecte que la Maria ho veu tot sempre de color de rosa, al contrari que jo, que ho veig d'un color gris molt fosc.

***

La tornada a casa és avorrida i no ve l'Eugènia. La seva mare ha passat a recollir-la amb cotxe, a vegades ho fa. Per sort hi ha lloc i no em veig obligat a seure al costat d'en *Lapaman*.

A dalt l'autocar hi ha rebombori. Un dels petits ha vomitat i l'Arnau s'ha posat fet una fúria.

—Que no ho veu que ha estat sense voler? Pobra criatura! —ha rondinat la *senyo* que els acompanya.

El conductor s'ha empipat perquè li ha embrutat la tapisseria i la *senyo* li ha dit que això ja se sap, que prou que l'escola paga una assegurança i que... com si la criatura ho hagués fet exprés!

Jo també estic una mica marejat. Deu ser el sol que cau avui, un sol rabiós per ser encara primavera.

En arribar, instintivament, miro la cantonada on acostuma a estar en Luismi i allà el veig. Ell també em mira, com si m'estigués esperant.

Sento molta curiositat per aquest xicot. Tinc ganes d'acostar-m'hi més i que m'expliqui les seves coses i jo les meves.

Cada dia més.

# 5. Encontres

Avui també plou. Cau una pluja intermitent, suau, que sembla que segueixi un programa.

En llevar-me i obrir la finestra, ja he notat l'olor d'humitat, de terra mullada que em venia del jardí que volta l'edifici. M'agrada molt aquesta olor, em fa venir a la memòria records agradosos, d'estius passats al camp, al poble dels avis, de quan era petit. No ho sé, però tinc la sensació que tot això queda molt lluny. Massa. I el pitjor és que em sembla que ja no tinc temps de retrobar-ho.

En Luismi no vindrà, quan plou no ve. És clar, els cotxes ja es netegen sols.

Jo no havia netejat mai un cotxe i l'altre dia, en vaig voler fer la prova: vaig netejar el parabrisa del cotxe del pare. En veure'm, el papà se'n va sorprendre molt.

—Des de quan neteges cotxes? —em va preguntar.

—M'ha vingut de gust... —li vaig contestar.

Era veritat, tenia curiositat. Volia saber quina sensació es té netejant vidres. I ho vaig fer molts cops com si m'entrenés per a fer-ho i m'hagués d'espavilar per anar molt de pressa.

En Luismi domina molt el tema de netejar el parabrisa. De vegades, em fa patir que algun cotxe no l'enxampi, talla massa just, però sembla que vulgui netejar el vidre a consciència. Com diria el pare, és un bon professional.

***

És l'hora d'anar a buscar l'autocar. Aquest matí, vaig just de temps, però confio que l'Arnau arribarà tard com sempre els dies de pluja.

—Adéu! Fins després!

En sortir de casa, he agafat el paraigua que la Maria ja em tenia a punt.

—No vull que et tornis a posar malalt! —m'ha cridat quan me n'anava.

I m'he sentit bé, m'agrada que em cuidin.

No crec que en Luismi tingui ningú que li doni cap paraigua.

No sé pas perquè m'amoïnava amb el tema d'anar tard. Ja em puc preparar bé, la pluja cau amb força i els cotxes van molt a poc a poc. L'autocar trigarà una eternitat.

Mentrestant, m'entretinc assajant mentalment passos de ball, avui és perfecte per: "I'm singing in the rain..." El meu germà em diu que estic sonat, que no pot ser que m'agradin pel·lícules d'aquestes tan antigues, tan passades de moda, segons ell. Però és així, a mi m'agraden molt els musicals siguin de l'època que siguin. El que seria fantàstic seria veure la cara que faria la gent en veure un individu interpretant el numeret del Gene Kelly enmig de la Diagonal i a aquestes hores del matí, per cert. Potser pensarien que és un anunci.

I quan em canso de pensar en la dansa, canvio de tema i passo al tennis. Intento treballar mentalment les jugades que m'ensenya en Sebastià; procuro corregir les errades amb la intenció que em quedin gravades al coco. Ho faig perquè quan ho hagi de posar a la pràctica m'ajudi que em surti rodó. Aviat faré el campionat i...

No pot ser!

En Luismi per aquí?

Si avui plou!

I se m'acosta...

—*¿Tienes tabaco?* —m'ha preguntat.

M'he sorprès molt que me'l demani a mi, però tant hi fa perquè m'ha agradat que se m'acostés. Aleshores he pensat que ell potser sentia tanta curiositat per mi com jo per ell.

Li he contestat que no, que no fumava i li anava a dir que ell tampoc no ho hauria de fer, però he callat. Els seus ulls em diuen que n'estan tips de sentir renys, tant com jo.

—*Qué, tio, ¿al cole?*

—Sí col·lega...

I per què li he dit col·lega?

Jo, això de col·lega, no ho dic mai a ningú.

Crec que en Luismi també ha notat afectació a les meves paraules.

—Avui netejaràs pocs vidres... —li he dit.

I m'ha confirmat que sí, que avui no tindria feina.

—*¿No haces nunca novillos, tú?*

La seva pregunta m'ha desconcertat i alhora m'ha fet vergonya dir-li que no, però m'he quedat mut i aturat com un estaquirot.

Llavors hem hagut d'interrompre la conversa perquè l'autocar acabava de fer acte de presència.

Com sempre, l'Arnau és inoportú. Els nostres horaris no tenen una bona connexió.

—Adéu, fins demà... —li dic molt atabalat.

—*Si algún día quieres hacer novillos, cuenta conmigo...*

***

L'autocar arrenca tot seguit i jo, a més d'atordit, em sento imbècil, com si de cop i volta, se m'hagués aturat el cervell.

Ni tan sols m'ha importat seure al costat d'en *Lapaman* perquè el meu cap està completament ocupat pels meus pensaments i per tot el que m'ha dit en Luismi.

—No, gràcies...

En *Lapaman* m'ha ofert pipes, les "seves" pipes. Tot un detall. Pipes, però, que primer ha remullat amb els seus dits ensalivats (és important aclarir que en *Lapaman* llueix unes ungles llargues i negres). Quin fàstic! M'agafen ganes de vomitar i he de fer un esforç per oblidar la imatge —no precisament virtual— que tot just tinc al costat.

Darrere meu, l'Eugènia i la Laura riuen engrescades. De cop, "ulls de mel" s'aixeca per agafar un llibre del terra que en un intent de fer-se el graciós li havia agafat en *Lapaman*. En recuperar-lo, l'Eugènia li ha donat una cleca, a en *Lapaman*, i en la picabaralla el llibre ha sortit volant pels aires. El molt ximple no sap com cridar l'atenció. Aquesta vegada, però, ho ha aconseguit perquè a part de lluir una galta ben vermella, s'ha emportat l'esbronc de l'Arnau, que, molt comprensiblement, està fart del *Lapa*.

I, en passar pel meu costat per recollir el llibre, l'Eugènia —no m'ho puc creure—, m'ha dedicat un somrís.

L'encís del seu dolç somriure —m'ha acompanyat tot el viatge— s'ha esvaït per complet a la classe de Llengua. El comentari de text m'està sortint un rave. No tinc gens de traça a explicar-me per escrit. O sóc massa breu —la professora es queixa sovint que sóc un telegrama— o m'enrotllo amb coses que no vénen al cas.

En vista de l'èxit, faig una ullada a la feina que està fent en Raül —seiem al costat— i m'adono que no en sé un borrall. En Raül ho coneix i m'allarga un full (en té més d'escrits, és una fera, el tio).

—No cal, deixa-ho córrer...

En Raül m'ha mirat, contrariat: no entén el meu comportament.

No vull copiar. No copiaré, encara que en tinc ganes perquè les situacions de perill m'entusiasmen. Si ho fes me'n sortiria i no ho vull, no vull que m'ajudin. En realitat del que tinc ganes és que el meu pare s'adoni que s'ha equivocat canviantme d'escola. Vull que comprovi que, en aquesta, les coses encara m'aniran pitjor.

D'altra banda em fa vergonya per l'Eugènia, per això, de tant en tant, sobretot quan és una exposició oral, intento fer-ho bé, fins i tot procuro ser brillant perquè ella vegi que, quan vull, puc ser el primer.

I com si l'Eugènia endevinés el que passa pel meu cap, a l'hora del pati m'ha preguntat:

—Per què ho fas, això?

—El què?

—Voler suspendre...

I jo m'he arronsat d'espatlles. No sé com dir-li-ho, però m'agrada que s'hagi adonat que si volgués podria ser un alumne excel·lent. Però llavors intentaria ajudar-me i no vull. Cal que m'ensopegui, que donin un ultimàtum als meus pares.

Només aleshores, el pare comprovarà el terrible error que ha comès.

I per arrodonir-ho, n'hauré de fer alguna...

En Luismi, clar! Ben pensat la seva oferta es fantàstica. Fer campana!

Pot ser *guai*, no n'he fet mai! I per què no n'he fet mai? Tan poc com m'agrada l'escola, ja he estat ben ximple de no haverne fet abans.

Però, llavors, no veuré l'Eugènia i això no ho puc suportar... Però sí, cal que ho faci, el pare necessita veure que no puc estar més en aquesta escola. I això em fa molta ràbia perquè ara conec l'Eugènia i si ella no hi fos les coses serien més fàcils. Passar de tot, vull dir.

Però he de fer campana, em vull escapar.

***

Avui, de tornada, tampoc no ha vingut l'Eugènia; la seva mare, altre cop, ha passat a recollir-la. Aprofitaré per a anar a la galeria de la mamà. No tinc ganes d'anar a casa encara.

La tarda convida a passejar i de bon grat ho faria al costat de l'Eugènia. Veig parelles d'enamorats i sento enveja. La rambla de Catalunya és un carrer que sempre està ple de gent, sobretot a les sis de la tarda. M'agradaria trobar la mamà sola, tinc ganes d'estar amb ella, però segur que deu estar ocupada amb algun marxant o potser amb un artista sonat.

—Hola...

Ningú no m'ha contestat, darrerament no tinc gaire sort a la primera amb el tema de les salutacions.

La galeria sembla buida...

—Hi ha algú?

Només m'acompanyen el quadres i la decoració. Cap persona. Ben pensat hauria pogut entrar qualsevol i emportar-s'ho tot. La meva mare és massa refiada.

—Òscar, rei!

La mamà ha aparegut de sobte al meu darrere. Va carregada amb una carpeta i un munt de papers.

—Era a dins del magatzem fent inventari...

—Mamà... m'agradaria parlar amb tu.

La meva mare s'ha sorprès una mica, li ho he llegit als ulls; però de seguida m'ha convidat que anéssim a prendre una orxata. Molt a prop hi ha una orxateria on la fan boníssima.

En realitat no sé gaire de què vull parlar, bé sí que ho sé. La vull fer molt grossa —el tema de la campana només serà el principi i m'agradaria dir-li que no va per ella...

Entrem a l'orxateria i seiem en un racó en una taula per a dos molt petita on gairebé no em caben les cames. Un seguit de bones olors em van arribant barrejant-se en les meves narius: el cafè, les pastes acabades de fer...

—T'ho estàs passant molt malament, oi? —m'ha preguntat de sobte, encetant ella la conversa.

Com ho sap que estic fatal?

—Et penses que no m'adono que vas molt a disgust a...

—La "presó" —la interrompo.

—Òscar, rei... El papà ha estat dur amb tu, ja ho sé, però si tu hi posessis una mica de la teva part, si estudiessis més, el podríem fer canviar d'opinió...

—El problema és que amb ell no es pot parlar!

I xarrupo fort amb la canya la resta d'orxata —m'encanta— que quedava al got.

—Demostra-li que s'equivoca, que no ets un irresponsable i...

—Penso demostrar-li que s'equivoca, ja ho crec! D'això en pots estar ben segura!

La meva mare m'ha mirat amb ulls de preocupació, em sap greu perquè sé que després tindrà molta migranya, però no puc callar més, necessito dir-li-ho.

—M'ho ha pres tot! L'escola! Els companys de tota la vida! I cada dia he d'esperar un conductor que fa tard i sense cap mena de companyia!

—Òscar, rei, no cridis tant... tothom ens mira...

—A la merda!

—Òscar, no siguis mal parlat!

Noto com una ràbia em puja des de l'estómac fins a la boca i m'hi deixa un regust amarg.

Me'n vull anar.

La mamà, atabalada, paga les orxates i sortim plegats al carrer.

—Òscar, rei, hem de parlar amb més calma...

—Ja no tinc res a dir... és que no ho entens? Li ho vaig demanar, li ho vaig suplicar!

—Ja ho sé, ja ho sé, però tu vas voler viure massa bé, el curs passat. I és l'única cosa que et demana, el teu pare, que estudiïs. I tens capacitat suficient...

—N'estic fart de sentir les mateixes històries! Fart! Saps què et dic, mamà? Adéu!

Em vull fer el dur, però no puc suportar veure les llàgrimes als seus ulls.

Em sap greu.

—No pateixis, me'n vaig a casa...

I amb el cor a punt d'explotar me'n vaig rambla de Catalunya amunt alternant grans gambades amb cabrioles i saltirons del més consumat ballarí. Sense importar-me que la gent em miri. Ja no.

# 6. CAMPANADES

Després de la discussió amb la meva mare, m'havia fet moltes il·lusions per a aquella tarda de dissabte, hi havia abocat moltes esperances. Veuria en Lluís i la resta dels amics, els de sempre.

Però ara, em trobo que ja és dissabte a la nit i estic fet pols.

M'he sentit molt estrany amb els meus antics companys, sobretot amb en Lluís. La mamà explica sovint que els amics de veritat no es perden mai, que a vegades fins i tot la separació enriqueix una relació; però aquest no és el meu cas. Em sento fatal.

El que em dol més és que a ells no sembla afectar-los gaire que jo ja no continuï a l'escola. Ells fan pinya, són un grup i jo ja m'hi sento com un intrús. Voldria haver-los vist botar d'alegria en veure'm, però només he sentit coses com: "Com et va, Òscar?"; "Què hi ha de nou, tio?"; unes quantes frases convencionals amb regust de frase feta.

I després el buit, la distància.

Crec que hauria d'haver intentat quedar amb l'Eugènia. Un dia d'aquests faré veure que em trobo per casualitat amb el gos, però tindré problemes perquè en Bob no suporta els pequinesos i tinc por que un encontre amb en King-Kong posi la nostra amistat en un compromís.

D'altra banda, entre una cosa i una altra, tinc la sensació d'estar fent el borinot. El que hauria de fer és anar amb en Raül, més d'un cop m'ha dit que vagi amb ell. Jo li acostumo a dir que no puc, que potser un altre dia i ell, al final, també s'atiparà de mi.

I llavors, ja no tindré cap amic.

Estic fet un embolic, no sé pas què fer. Noto, però, que necessito fer alguna cosa, canviar potser. I aleshores torno a pensar en en Luismi.

***

A casa, estic molt malament. Evito tant com puc la família, especialment la meva mare i ella ho nota. El pare no, és clar, està massa enfeinat per a adonar-se d'alguna cosa que no sigui la de guanyar pasta.

La mamà m'observa amb ulls tristos i jo sé que té ganes de parlar amb mi, però no s'hi atreveix i va esperant que sigui jo qui enceti, altre cop, una conversa que ella hauria continuat. Aquests últims dies té molta migranya.

No hauria de permetre que la ràbia em guanyi, però aquesta és la realitat, el present. Sento un foc intens dins el cor i estic massa dolgut per a posar-hi alguna cosa de la meva part.

Només em trobo bé a la nit, quan anem a dormir amb en Sergi-vida i, tot i així, les coses no són com abans.

—Sergi... que et semblaria fer campana? —li etzibo, així, de sobte.

Quines preguntes de fer! A un noi tan responsable!

—S'està acabant el curs, Òscar...

—Precisament per això, ja hi hem anat prou dies.

M'agradaria dir-li que en penso fer encara que ell no m'acompanyi, però a la vista de la cara que em fa decideixo guardar-me el pla per a mi mateix.

***

Les promeses d'un feliç cap de setmana... s'acaben el diumenge. El diumenge deixa de prometre i toca quedar-se a casa enclaustrat fent veure que estudio. Els pares m'ho manen així. El divendres a la tarda i part del dissabte me'l deixen per a mi, però el diumenge —almenys mentre no progressi— m'he de quedar treballant. Malgrat tot, estaré amb en Sergi-vida i no serà tan dur. És d'una pasta estranya el meu germà, es queda de bon grat els diumenges a casa. A ell li agrada estudiar.

L'avi Miquel s'ha convidat a venir a casa. Discutirà amb el papà tota l'estona, no hi ha res que el diverteixi més. L'avi el fa enfadar sempre i jo crec que és com una mena de revenja contra el papà per haver-se casat amb la seva filla. L'avi n'està molt de la mamà, sempre li troba totes les gràcies i la veritat és que a nosaltres també. Ens ho comporta tot i sovint ens omple de regals. I la veritat sigui dita, és que no li sobra gaire, però ell sempre diu que "Per a què ho vull?". "M'agrada veure-us somriure...", comenta sempre.

Però llavors ens fa xantatge i ens demana que l'omplim de petons. I a mi —no és pas perquè no m'estimi l'avi— em talla una mica. Tot i que ja començo a tenir pèl a la barba, l'avi em continua tractant com si fos un nen petit.

***

Com era de preveure, el dia ha transcorregut sense pena ni glòria i amb els pronòstics habituals.

Aquest diumenge, l'avi ha escollit com a tema bel·ligerant per a discutir amb el papà: la política. És un dels seus forts i el que treu més de polleguera el meu pare. Avui li ha agafat per fer-se l'anarquista i el papà li ha dit dissimuladament a la mamà que no hi toca.

—Els polítics són una raça a extingir! —diu convençut mentre mira amb picardia el seu gendre.

Ho fa exprés perquè sap que el papà darrerament està molt ficat en un partit polític, un d'aquests que en diuen de centre però que són *tope* conservadors. A la mamà li faria molta il·lusió que arribés a diputat. De moment, però, la feina d'arquitecte li ocupa més temps del que voldria.

Durant tot el dinar, l'avi no ha parat de punxar-lo fins que, per a descans patern, s'ha quedat adormit davant del televisor tot veient una pel·lícula i així, de moment, s'ha acabat el seu atac.

***

He sortit amb en Bob al carrer. És una bona excusa per a escampar la boira una estona i, a més, ell ho necessita.

—Som-hi, Bob!

El gos es llança a una cursa frenètica pels carrers, conscient que és el seu moment d'esbarjo. Li agrada molt anar amb mi perquè jo corro molt. El cert és que tornarem tots dos fets pols.

Avui, tinc l'esperança de veure l'Eugènia i el seu King Kong i procuro agafar el recorregut adequat contradient el camí a què està habituat en Bob.

La meva vista busca debades "ulls de mel" i companyia. M'imagino trobar-me-la, així, de sobte, en tombar una cantonada... Però res.

Així que, després de voltar infructuosament he decidit de tornar cap a casa. Ja era prou tard.

Estava claríssim que aquest cap de setmana no tenia sort.

En obrir la porta de casa, el so d'una cançoneta hortera —de les que l'avi diu que són de celobert— em porta directament a la cuina on trobo la Maria bevent un got d'aigua. Evidentment, ella era la intèrpret de l'horrible cançó de les que, després, tens feina per a desenganxar-te del cap.

La Maria té molt bon aspecte i està contenta, ho sé. Alguna de bona n'hi deu haver passat.

—On has anat? —li pregunto.

I ella em mira amb un somrís maliciós mentre obre molt els ulls, uns ulls eixerits, molt vius.

La cuina és el nostre punt de trobada. A vegades, també l'ajudo. M'agrada.

—Au, vinga, explica-m'ho... —li demano amb insistència.

Després de fer-se pregar molt, m'ha dit que ha conegut un xicot que li cau força bé. D'altra banda em diu que no es vol fer massa il·lusions. Em confessa que té por.

Crec que es recorda molt del *nòvio* gitano.

La Maria engega la ràdio i sona una música encomanadissa.

—Ballem? —em convida.

I tanquem la porta perquè ningú no sigui testimoni de la nostra interpretació. No ens ho hem dit mai, però cap dels dos no vol que els altres ho sàpiguen, això de la nostra afecció. Penso —i crec que la Maria també— que tenim por que no ens entenguin.

Li agradi o no al pare, el curs vinent m'apuntaré a classes de ball de saló.

Tinc suficients diners amb el que vaig recollint de setmanada que em donen els pares. I l'avi me'n dona sovint també. I jo no gasto, bé, molt poc: alguna revista i algun joc d'ordinador de tant en tant. Quan era més petit consumia força *chuches*, ara ni això. I a més, les classes no són cares.

Ho vaig comentar a la Maria i ella em va deixar anar un: "Si el teu pare se n'assabenta, et penja!". I aleshores jo em vaig fer el dur dient-li que no m'importava.

També ho he dit a en Sergi. M'agrada dir aquest tipus de coses al meu germà, em fa sentir important.

"El papà et traurà de tennis i això no ho podràs pagar", em va contestar ell i llavors jo el vaig replicar dient-li que no ho faria, que al papà també li agradava que fes tennis.

Però potser en Sergi-vida té raó, el papà em pot fer molt la punyeta si vol.

Maleït sia!

El meu germà m'intenta convèncer que no doni més campanades, que amb el mal curs que vaig portar l'any passat ja n'hi va haver prou. Però això és precisament del que tinc ganes, de donar la nota i no un excel·lent, precisament.

M'hauria agradat que en Sergi s'apuntés amb mi en això de fer festa, però no hi vull insistir. No tinc cap dret a fer-li fer una cosa en contra de la seva voluntat.

Sento que alguna cosa important bull dins meu i que ha d'explotar. Molt aviat.

***

He rumiat molt això de la campana durant tot el cap de setmana i ho tinc ben decidit. La propera vegada que vegi en Luismi li ho diré. Si s'hi apunta algú més, fantàstic, i si no, tant me fa.

He de lligar bé el tema perquè si falto a l'escola i l'endemà no porto cap justificació, trucaran a casa. La "presó" ens té molt controlats.

Però d'on trauré jo un justificant?

Ho hauré de barrinar, vull donar la campanada, però no vull que se n'assabentin abans d'hora. Encara em queden uns dos mesos de curs.

En el cas que truquin a casa, la primera a saber-ho serà la Maria. A hores escolars els pares acostumen a ser fora de casa. Podria demanar-li que m'encobrís, però no ho voldrà i ho dirà a la mamà. "És pel teu bé...", em diria. I potser sí, però no puc córrer aquest risc.

En Sergi-vida tampoc no n'ha de saber res: el meu germà ho acabaria explicant als papàs. El conec, és massa responsable. Sí, serà millor que no se n'assabenti fins que el fet ja estigui consumat.

Bé, demà serà un altre dia, encara que sigui a l'escola...

***

Durant el trajecte cap a la "presó", un fet fortuït ha motivat que pogués seure al costat de l'Eugènia: la Laura volia seure al costat d'un set-ciències —assidu també de l'autocar— perquè li deixés copiar no sé què de Física i això ha fet que deixés "ulls de mel" lliure. Amb els canvis oportuns i amb el sabut disgust d'en *Lapaman* —el molt ximple pretenia el mateix que jo— l'he tinguda de companya de viatge.

A l'Eugènia li he explicat que tinc problemes a casa meva i que a partir d'ara penso passar de tot. A les noies els agrada que els facin confidències i m'ha mirat amb ulls encuriosits alhora que ella em tornava a explicar les diferències amb la nova dona del seu pare.

Com que ens desviàvem de la conversa que jo volia tenir, li ho he abocat de cop:

—Penso fer campana...

—El final de curs és a prop, creus que val la pena?

M'ha renyat! Això no m'ho esperava...

Que m'ho digui en Sergi, ho entenc, ell és molt estudiós. Però l'Eugènia, precisament, que acostuma a passar-se força amb els profes... No entenc per què ara, es fa la primmirada.

Però si faig campana no la veuré i un dia sense l'Eugènia per a mi és molt dur. I més ara que com que a la Laura li ha agafat per estudiar, millor dit: per copiar, és possible que vulgui anar més vegades al costat de "l'eminència".

De totes maneres jo no em rendeixo fàcilment. M'agradaria saber si ella ha de faltar algun dia a l'escola...

I si li ho proposo?

L'avi diu que amb les dones s'ha de ser agosarat, que si una noia t'agrada que s'ha d'anar amb empenta, que si no en ve després un de més lleig, però més eixerit, i se l'emporta. El tema de les dones també és un dels habituals de l'avi per fer empipar el pare.

La veritat és que seria fantàstic passar un dia d'escola fora de la "presó" i amb l'Eugènia. És clar que jo també vull estar amb en Luismi. Bé, hi pot haver temps per a tots dos.

***

La tàctica de l'avi no m'ha servit de res.

—Tu estàs boig? No em vull complicar més la vida!

Potser té raó, l'Eugènia no sé ja a quantes escoles ha anat. Tots els professors s'enfaden molt amb ella, la tenen per una mal educada i per una rebel. Deu ser la seva manera de fer la guerra a la xicota del seu pare.

Descartat en Sergi-vida i l'Eugènia... així, que sigui de confiança, només em queda en Raül... Si més no, li agradarà que compti amb ell, que el consideri el meu amic.

Però, en escoltar-me, s'ha quedat molt parat.

—Te les carregaràs de valent...

I d'això es tracta precisament.

—Vull que m'expulsin! —li he dit sense més preàmbuls.

—I de què et servirà?

—Per fer la punyeta al meu pare...

En Raül es queda una estona en silenci per després dir-me allò tan original de:

—Oblida-ho, ja tens prou problemes...

—Ves per on, l'Eugènia m'ha dit el mateix!

—I també li ho hauràs proposat a ella, no?

Per uns moments he dubtat de sincerar-me amb en Raül, però al final he decidit que potser ja era hora que el tractés amb més confiança.

—Sí que li ho he proposat i m'ha donat carabasses i un sermó.

—Ha! El problema és que no ets en Christian... —em diu sorneguer en Raül.

—En Christian? I què hi pinta en Christian?

—Doncs que em sembla que surten junts i, és clar, si fos escapar-se amb ell, seria una cosa però... No te n'havies adonat?

—No, no ho havia fet.

I m'he hagut d'empassar la decepció i la ràbia.

—Ei, tio! Ho sento, no sabia que estiguessis penjat de l'Eugènia...

—Ho estava, Raül, ho estava.

Perquè des d'aquest mateix moment he fet el ferm propòsit de passar d'ella olímpicament.

***

Però no puc. No puc passar d'ella.

Què més voldria!

Per què, Eugènia?

M'havia fet il·lusions, saps? Pensava que no hi havia cap noi més a la teva vida. És clar que jo no he estat mai el teu noi. Què més hauria volgut!

Com he pogut estar tan cec... Jo creia que les teves paraules amistoses eren alguna cosa més...

Maleït Christian! I havia de ser un sòmines més gran! Aquest ja deu acabar el batxillerat aquest curs. A les noies us agraden els més grans.

Eugènia...

Ara, ja res no em reté a l'escola. Si alguna cosa em feia dubtar, ara ja no.

A la porra tot!

***

—Ei, Luismi!

M'he hagut d'obrir pas entre els cotxes. En Luismi no em sent i per poc una furgoneta no em deixa planxat com un llenguado.

Després de torejar uns quants vehicles, puc arribar al seu costat i, sense pensar-m'ho dues vegades, li tusto l'esquena.

—Luismi!

M'ha mirat estranyat.

—*¿Qué dices?* —m'ha preguntat.

M'he posat molt vermell. Fins que no li ho he dit a ell, així, en persona, no m'he adonat que potser —i pensant-ho bé era el més probable— no se'n deia, de Luismi.

—*Me llamo Antonio* —m'ha dit molt seriós.

—Jo, Òscar.

—*Ya lo sé.*

Els seus ulls negres em miren fixament i em fan recordar quan el doctor Camprubí em fa una radiografia.

—Era per allò de la campana. Doncs bé, que quan tu vulguis...

M'ha somrigut d'orella a orella com quan una senyora bonica li dóna unes monedes.

—*¿Mañana?*

—Fantàstic!

No gaire lluny, puc sentir les campanes de l'església de Sant Ot que repiquen una tonada alegre. I jo, content com un gínjol, me'n vaig cap a casa amb la promesa que demà m'espera un dia molt especial.

# 7. Llibertat condicional

No aconsegueixo dormir pensant en demà. Estic molt nerviós. Un remolí d'idees i pensaments totalment desordenats em bull dins el cap. Serà una nit llarga, de les que costen de passar.

Antonio... No queda bé... No li escau el seu nom, fa més cara de dir-se Luismi, la veritat.

I com ho sap, que jo em dic Òscar?

Ho deu haver sentit a algun company quan pujo o baixo de l'autocar o al mateix conductor.

Què farem?

Tinc ganes d'explicar-ho al meu germà, però és millor, per la seva seguretat i per la meva, que no ho faci.

Em sento estrany, no he fet mai campana. Hi ha molts nois que en fan, però a mi no se m'havia ocorregut mai. És clar que, quina importància té? D'altra banda, no faig res a classe, no crec que s'adonin gaire que no hi sóc. La mala bèstia de la Gertrudis, però, la que passa llista per les classes, notarà la meva absència, en deixarà constància i llavors, si no porto justificació... Li agafarà salivera així que ho comprovi. Sempre sembla que busqui la víctima propícia.

No et preocupis, Gertrudis, que aviat la tindràs.

***

Hem quedat de trobar-nos aquí, a la cantonada de sempre.

En realitat, encara no sé per què he quedat amb ell. Podria haver fet qualsevol altra cosa. Hauria pogut intentar quedar amb algun altre amic, fins i tot quedar-me a casa i fer-me el malalt. Però no, tinc moltes ganes de fer alguna cosa diferent. I vull anar amb l'Antonio.

El meu pare, quan se n'assabenti, a més de saber-li greu que hagi fet campana, li disgustarà saber que me n'he anat amb un desconegut tan especial.

Ha! Tinc ganes de veure-li la cara! De sentir-lo!

L'autocar s'ha quedat un parell de minuts esperant-me. Veig en *Lapaman* aixecar-se de la cadira i mirar a través dels vidres. L'Eugènia també mira i per uns moments estic a punt de desdir-me i sortir corrents cap a l'autocar, però no, ja ho he decidit, i si no... que vagi a la "presó" amb l'imbècil d'en Christian!

L'Antonio i jo ho observem tot des de dins un cotxe que hi ha aparcat. M'ha dit que seria divertit. Això em fa patir perquè estem en zona blava i pot venir algú en qualsevol moment, des de la persona que l'hagi aparcat fins al guàrdia que passa periòdicament. L'Antonio l'ha obert amb una facilitat increïble. Ell diu que és molt fàcil.

—*Tranqui...*

—On has après a obrir cotxes?

—*Mi hermano, el Ismael, ma enseñao...*

—I ho vas explicant a tothom, això? Algú ho pot denunciar; jo mateix...

—*No, tú ere buena gente...*

I com ho sap, ell?

Estic al·lucinant per moments. Jo aquí, dins un cotxe que no és meu i tenint una xerrada amb un desconegut amb qui penso passar tot el dia.

L'Antonio em mira sorneguer i, en parlar, la seva veu deixa entreveure un to d'amenaça.

—*No te vaya de la lengua...*

Per uns moments m'han agafat ganes d'anar-me'n, i deixar estar aquesta trobada.

Tinc por.

Tanmateix, l'Antonio ha copsat les meves temences i m'ha tranquil·litzat explicant-me que no el pensava pas robar, el cotxe, que això ell no ho feia, que només l'havia agafat com a "observatori", que després sortiríem i en paus.

—*Lo hemo tomao prettao.*

La Maria té raó quan em diu que els nois del carrer són diferents. Ella moltes vegades m'ha explicat històries del seu barri, d'Hostafrancs, i de la zona de Sants on també té família. Allà, quan ella era petita, es veu que els nens jugaven força al carrer. Ara diu que, tot i que aquell barri és molt diferent del meu, actualment els nens juguen i viuen d'una altra manera.

Si he de ser franc, si l'Antonio es volia quedar amb mi, ho ha aconseguit.

***

En sortir del cotxe, tinc la sensació que tot Barcelona ens ha vist. Però ja està fet i no hi ha qui ho arregli, per tant, intentaré resoldre altres qüestions.

—Per què has volgut anar amb mi? —li pregunto sense més embuts.

—*Tenia yo gana de tené un amigo pijo.*

—Jo, *pijo*?

Les rialles de l'Antonio deixen clar que, almenys per a ell, ho sóc molt. La veritat és que jo mai no he tingut la imatge d'un tio *pijo*.

I llavors, he recordat el personatge de la novel·la que ens explicava l'altra dia la profe d'un crèdit de Lite espanyola, el Pijoaparte, protagonista d'una obra que es titula *Últimas tardes con Teresa*... i que no recordo qui la va escriure i que —ara que hi penso— només me n'he llegit un tros. No m'identifico amb el protagonista, però sí amb el mot, tal vegada potser sí que em puc considerar un Pijoaparte.

***

Mentre parlem, ens encaminen Diagonal avall, com si ja sabéssim on anar i què fer. Jo no en tinc ni idea, però tinc la sensació que l'Antonio ho té molt clar perquè va molt decidit.

—On anem? —li pregunto.

—*Donde tú quiera...*

—M'agradaria allunyar-me del meu barri, no voldria que em veiés ningú.

—*Ya... amo a da una vuerta...*

Continuem Diagonal avall fins a agafar el carrer Numància. L'Antonio m'ha preguntat si em semblava bé d'anar al Polvorí.

—Què és, això?

—*Mi barrio...*

I li he contestat que sí.

De primer, en dir-m'ho, jo em pensava que això del Polvorí, era el nom d'algun local, bar o vés a saber què, però no m'hauria imaginat que fos el nom d'un barri. Jo mai no havia sentit parlar d'aquest lloc. L'Antonio m'explica que és a la muntanya de Montjuïc, a prop del cementiri, però jo continuo sense situar-me gaire.

—Has nascut aquí, a Barcelona?

L'Antonio m'explica que sí, però que els seus pares van venir d'un petit poble de Sevilla. Hi van venir quan eren molt nens. De fet, tota la seva família prové d'Andalusia, però fa molts anys que són a Barcelona i després d'haver estat per diferents barriades, es van establir finalment pels voltants de la muntanya de Montjuïc, que si uns a Can Clos, que si uns altres a Can Tunis...

Jo no en conec cap.

M'explica també que té família i amics als barris del Raval i el Poble Sec. Tampoc no els conec, aquests barris.

L'escolto i penso que em parla d'una Barcelona que no té res a veure amb la que jo he viscut.

Tanmateix em sento amb desavantatge: ell coneix els meus barris i jo no els seus.

***

Entre xerrada i caminada no m'he adonat que ja som a la plaça Espanya. Aquesta sí que me la conec, de quan he vingut amb el meu pare a la Fira de mostres, al Saló de l'Automòbil, particularment. El meu pare és un entusiasta dels cotxes i de les motos.

A estones, ens aturem mentre l'Antonio encén alguna cigarreta. L'Antonio parla a poc a poc i tot el que diu fa que sembli molt important.

Tinc ganes de preguntar-li si és gitano, però em tallo, perquè moltes vegades dic les coses d'una manera que, no ho sé, fico els peus a la galleda, i llavors la gent s'ho pren malament.

Decideixo callar.

Després d'una estona de silenci, on semblava que peséssim els nostres pensaments, l'Antonio, de cop, em mira de dalt a baix com si em fes una inspecció.

—*Otro día no venga tan arreglao...*

Queda claríssim que no ho he aconseguit.

Jo creia que m'havia vestit molt senzill perquè ja m'imaginava que en Luismi, vull dir l'Antonio no aniria de "marques" precisament; però tot i així es veu que desentono.

—Per què no parles català? —li pregunto.

—*Sí que lo parlo... una miqueta.*

I em somriu, ensenyant unes dents blanquíssimes.

—*Alguns pijos tampoc lo parleu gaire...*

Aleshores li he somrigut jo a ell. Té raó, tinc amics catalans, fills fins i tot de pares que també ho són i que només parlen el castellà.

L'avi, de segur que en aquest tema hi tindria molt a dir.

***

Les cames em fan figa de tant caminar i proposo a l'Antonio que ens aturem una mica. Abans, però, l'Antonio ha volgut entrar en un súper per comprar begudes i s'entossudia a convidar-me a una cervesa. A mi no m'agrada gens i al final l'he convençut que preferia una coca-cola. El volia invitar, però no ho ha volgut de cap de les maneres i el deixo fer. No el vull ofendre. D'altra banda, pensant en això de la cervesa, no sé pas si té edat encara...

La parada dura poc —l'Antonio sembla tenir pressa per fer moltes coses— i continuem la marxa. Al cap de poca estona ja som a Montjüic i em sembla reconèixer la zona.

—Per aquí hi ha el teatre grec, oi?

—*Nostá lejo, pero nosotro vamo en la otra diresión.*

—Ah...

Per una vegada que creia saber on era, resulta que anem en direcció contrària. Hi vaig venir l'estiu passat, al Teatre Grec. Vaig venir amb la mare i el meu germà a veure un espectacle de dansa contemporània. El papà no s'hi va apuntar. A ell la dansa...

—T'agrada el teatre, Antonio?

Em contesta que no ho sap, que no hi ha anat mai, i llavors penso que la meva pregunta ha estat una mica ximple i decideixo canviar de tema.

—Ja no vas a l'escola?

—*Ya sóc gran.*

Aquesta resposta sí que no me l'esperava i això em fa pensar que avui no l'encerto gaire amb el tema de les preguntes. Jo també tinc molts motius per a no anar a l'escola, però precisament no és l'edat l'impediment més important.

—Quants anys tens?

—*Catorsa... i tu?*

—Jo en tinc quinze.

No m'havia equivocat gaire en l'edat. Tot i que sembla més gran, no podia distanciar-se de la meva.

Em continua preocupant el fet que vulgui anar amb mi. Jo ja sé els meus motius, però ell, no ho sé, som tan diferents...

—Per què m'ho has proposat?

—*Er què?*

—Això de fer campana, d'anar junts...

—*M'agrada l'aventura... como a ti.*

# 8. Pólvora encesa

Són les dotze del migdia. El temps m'ha transcorregut molt de pressa, deu ser perquè estic molt a gust... no com quan estic a la "presó". A hores d'ara, allà, ja se'n deuen haver assabentat que avui no hi he anat. Amb una mica de sort potser esperaran a demà per avisar a casa i jo, demà, ja portaré una excusa signada.

—*Ya hemo yegao*...

—A on?

—*Ar Porvorí*... *Venga, amo a verlo*...

I després de caminar una mica més, ens aturem en un revolt molt a prop de l'estadi Joan Serrahima (he vingut aquí a fer competicions amb l'escola) i ens asseiem en una mena de pedrís que hi ha. Diu que és el seu racó preferit.

Mentrestant, cadascú es queda amb els seus pensaments.

No m'hauria imaginat mai com era un barri d'aquests, un barri marginat, vull dir. Moltes vegades, he sentit parlar al pare dels problemes dels barris, d'urbanisme i de tot això, però no és el mateix sentir-ho que veure-ho.

La veritat és que m'he mogut molt poc fora de les zones a les quals estic acostumat: la Diagonal, Pedralbes, Sarrià, Sant Gervasi... De tant en tant baixem a la rambla de Catalunya o al Passeig de Gràcia. I prou, no havia anat mai més enllà de la Plaça de Catalunya.

Bé, a vegades he anat a passejar pel barri Gòtic amb l'avi. Ens hi ha dut al meu germà i a mi. El primer cop va ser per la fira de Santa Llúcia, per les festes de Nadal. Em va entusiasmar. Els voltants de la Catedral eren plens de parades que oferien tot l'indispensable per a fer el pessebre i l'arbre. Em va semblar estar dins d'una ciutat de conte. Per unes hores vaig creure'm transportat a l'edat mitjana. Els carrers estrets, tortuosos, cada un diferent de l'altre.

"Barcelona té milers d'anys d'història, Òscar", m'explicava l'avi.

"És una ciutat molt vella, oi?", preguntava jo, engrescat.

En Sergi-vida i jo contemplàvem embadalits les parades i el munt de figuretes exposades.

Ens hi havia dut alguna altra vegada, davant la nostra insistència, però la veritat és que teníem, i tenim, poc temps perquè els nostres dies estan totalment ocupats. A l'hivern, força caps de setmana acostumem a anar a esquiar i a l'estiu a una casa que tenim a Sant Feliu de Guíxols.

***

Avui, em sento com aquella vegada que vaig anar amb l'avi a la fira de Santa Llúcia. Estic sorprès, en certa manera enlluernat, i vull saber moltes coses de l'Antonio.

—Per què ja no vas a l'escola?

—*Ya t'ho he dit, ya sóc gran. Mi família me necesita pa trabajá.*

—Potser si tinguessis més estudis podries aconseguir algun treball bo a la vida.

—*Tontería... Lo pobre hemo de trabajá mu pronto.*

Em sento estrany. He recordat el pare quan parla de responsabilitat i del futur, un futur que jo veig llunyà i inaccessible, i del qual jo no tinc ganes de formar part.

—*Tú, tiene zuerte, tu viejo... tenen pasta...*

—Els meus pares sí, jo no.

Se m'ha quedat mirant, ara és ell qui no m'entén. El meu pare és dels qui creuen que la vida se l'ha de guanyar un mateix. Ell posa a la meva disposició estudis, cursos, tot el que pugui necessitar per a la meva formació —m'ho diu constantment—, però res més. Pensa que després, qui s'ha d'espavilar sóc jo.

La Maria diu que el pare fa molt bé, que si no seria un nen malcriat només esperant que em solucionin la vida els meus pares.

—*Asín que... tu no pots agafá los calés de lo teu pare?* —em diu l'Antonio després d'haver estat rumiant el que li he explicat.

—Ni pensar-ho! Ja em dóna una setmanada i, d'altra banda, jo tampoc no els hi vull agafar. Són seus.

—*A la meva casa, lo compartim tot...*

Una cosa de què m'acabo d'adonar és que l'Antoni viu només el present. No importa el que pugui passar demà. Sembla tenir una vida més curta però molt més intensa. A mi, a nosaltres, en canvi tot ens passa molt més a poc a poc. Potser pensem massa en el futur.

L'Antonio m'ha dit una cosa que m'ha cridat molt l'atenció: ell diu que els rics, el que fem —a part de comprar coses— és comprar el temps, que si un "cangur" per a vigilar els nens, que si criats per a fer la feina... La veritat, m'ha fet rumiar molt tot això.

***

El Polvorí no té res a veure amb la Barcelona a què jo estic acostumat. Els carrers són estranys, els habitatges es veuen barats, amb una construcció que sembla que hagi d'ensorrar-se d'un moment a un altre. El pare segur que hi tindria molt a dir...

—La gent em mira molt... tan rar em veig?

—*Una mica, pero tu tranqui...*

He de reconèixer que els meus cabells, d'un ros rogenc, i la meva cara pigada ja no són gaire comuns i, pel que sembla, aquí encara menys.

Una dona grassa, amb faldilles llargues i molt amples i un ventre molt voluminós —deu estar embarassada— ens barra el pas.

—*Antonio... ha venío er Ismaé.*

—*Ya...*

L'Antonio m'explica que la dona que acabem de veure és la Rosi, la seva cosina.

—*Aquí, to nos conosemo...*

Me'l miro entre sorprès i estranyat. El barri em sembla molt gran i veig difícil que tothom es pugui conèixer.

—L'Ismael, és el teu germà, oi? —li pregunto.

—*¿Cómo lo sabe?* —em pregunta amb una cara molt esverada.

—M'ho has dit tu mateix, aquest matí. El teu germà, l'Ismael en qüestió, és qui t'havia ensenyat a obrir els cotxes...

—*E verdá...*

Una expressió de disgust es dibuixa en el seu rostre i noto com fa un esforç per allunyar alguna cosa del pensament.

—*Amo a mi casa...* —em diu tot d'una.

Això no m'acaba d'agradar. L'Antonio diu i fa coses inversemblants per a mi. Jo no presento mai ningú als meus pares fins que no el conec bé. Els meus amics fan el mateix...

Pugem per unes escales desgavellades d'una finca lletja i estreta. Dos nens, molts petits, seuen en un dels esglaons. Un d'ells plora desconsoladament i l'altre s'entreté tocant-se el nas i menjant-se les burilles que va escarbotant.

Durant el nostre curt trajecte per les escales ens topem amb un vell força gras que ocupa gairebé tot l'ample de l'escala.

—*Hola, tío Miguel* —el saluda l'Antonio, que, com pot, s'aparta per deixar-lo passar. Jo faig el mateix.

El tio Miguel aquest, s'ha aturat un moment i aprofita per donar-me un repàs de dalt a baix per després emprendre de bell nou el seu camí.

—*El tío Miguel e er ma viejo d'aquí. E muy importante.*

I sense poder aguantar-me més, li pregunto:

—Tu ets gitano, oi?

—*Un poquiyo*... —em contesta divertit.

Ve-t'ho aquí que m'he quedat com abans, perquè la veritat és que no sé com tornar-li a preguntar el mateix.

***

En arribar a la porta de casa seva, m'agafen ganes de marxar. No m'agrada estar aquí. No vull conèixer la seva gent, no encara, ho trobo forçat, però no sé com dir-li-ho que no.

—Hola...

M'he quedat com un estaquirot saludant la que penso deu ser la seva mare. No ho tinc clar perquè, per moments, apareix molta gent que es manifesta encuriosida en veure'm.

De fet, qualsevol de les tres dones que m'observen intrigades podria ser la mare. Bé, una no, es veu molt gran. Deu ser l'àvia, imagino. A part de les dones, un munt de criatures de totes les edats em volten i m'agafen mentre no paren de riure i cridar com si fessin una festa.

L'Antonio me n'assenyala tres i diu que són germans seus; dos més són cosins i uns altres dos, amics. La veritat és que tot just m'ho ha acabat de dir i ja no me'n recordo de quins eren.

Per la seva banda, l'Antonio ha explicat a la concurrència que m'ha conegut mentre netejava vidres i que visc per allà. És curiós, però no sembla que els importi d'on vinc, ni qui sóc, ni què faig. Sembla que pel sol fet de ser amic de l'Antonio ells ja m'hi considerin també. A casa meva això seria impossible. La mamà gairebé demana el currículum vitae de la gent que porto a casa. No ho fa al davant seu, és clar, però sempre he hagut de donar explicacions. Ja li agrada que tingui amics i que els porti a casa, ja... Bé, jo ja m'entenc.

—*Mama, el Ozca se queda a comé.*

—Jo no voldria...

L'Antonio no em deixa continuar, amb els ulls em diu que la meva negativa no serà escoltada. Però a mi, per variar, em talla. A més, a aquesta gent no sembla sobrar-los res com per convidar un desconegut. No vull abusar. La Maria de segur que diria que aquestes criatures estan massa primes, que els falta menjar més.

Com si em llegís el pensament, l'Antonio em mira amb un posat murri i em diu...

—*No va a comé langotta ni caviá, pero no te vamo a envenená.*

—No és això, Antonio, jo no voldria molestar...

—*Quita ya, que ere un relamío*!

De cop, s'obre la porta i entren dos homes. L'Antonio em diu que són el seu pare i l'avi. Sembla que tothom els tingui molt respecte, sobretot a l'avi. Llavors, seiem a la taula i la mare porta una cassola força gran.

Les llenties són molt bones. A la Maria no li surten pas tan bé. Estic content que m'agradin perquè em sabria greu ser un *relamío*. D'altra banda no m'acabo de trobar be aquí. Em noto desplaçat.

En acabar de dinar, una nena petita, escarransida i amb una cara que només té ulls, es posa a ballar molt graciosament —a mi també me n'agafen ganes— mentre l'àvia i una pila de gent més taral·legen una cançó trista.

Mentrestant, sento com la mare de l'Antonio pregunta al seu pare:

—*Paco, y er Ismaé?*

Ho fa amb una veu angoixada, esperant una ràpida resposta, però l'home no diu res, abaixa el cap i fa que no. Aleshores, la dona ajunta les mans i les alça al cel tot deixant anar gemecs i plorant desconsoladament.

Vull preguntar a l'Antonio per què plora la seva mare, però aquest està parlant en un racó amb el seu pare i això em fa recordar el que havia dit la cosina, la Rosi, que havia vingut el seu germà... Per què no és aquí?

De sobte, un fort aldarull que se sent fora, ens distreu a tots. Sortim al carrer i veiem córrer un home jove que porta —em sembla— un ganivet a la mà.

Darrere seu un grup de gent el persegueix. Una dona surt inútilment al seu encalç maleint-lo. Em sembla que n'ha passat una de grossa. En pocs minuts apareix la policia. Al cap d'una estona m'assabento que han trobat morts un home i una dona joves.

—*S'han quemao!* —diu l'Antonio sense afectar-se massa.

—Què ha passat? —demano preocupat.

—*La Encarna, la que ha muerto, se fue con otro y su hombre la ha matao. Er Mateo ha hecho justicia...*

—Justícia? Matar la gent és fer justícia? —pregunto molt sorprès.

En veure els meus ulls esbatanats per l'horror i la incomprensió, l'Antonio afegeix:

—*La pórvora ensendía quema mucho, y esos s'han quemao. Lo caló no perdonan que les quiten la mujé.*

—Què és un caló, Antonio?

—*¡Un gitano! Oye, pijo, ¡tú no sabe na!*

La veritat és que no, i alhora, no me'n sé estar de preguntar.

—Ara, aquest tipus, el Mateo tindrà problemes...

No puc treure'm aquell individu del cap.

—*Er Mateo no. Er Mateo s'escapará de la pasma.*

—No es pot anar matant la gent només perquè t'hagin pres la noia! Això és un assassinat!

L'Antonio, en sentir les meves protestes, m'escolta callat, no em diu res. En aquests moments sento com una barrera ens separa, no entenem les coses de la mateixa manera. D'altra banda, i encara no sé per què, em sento unit a ell.

# 9. Metamorfosi

Confús, camino una estona fins a arribar a una avinguda que crec que deu ser la Gran Via i agafo un taxi que em porta de tornada cap a casa. Són ja més de quarts de vuit de la tarda i no tinc gaire temps per arribar a l'hora acostumada. És clar que avui he tingut "entrenament exhaustiu de tennis" —aquesta serà l'excusa— i això ha descol·locat l'horari habitual.

Com corre el taxímetre!

A aquest pas, se me n'anirà tota la setmanada en el transport.

És curiós, tinc la sensació d'anar-me transformant de mica en mica. És com si, a mesura que vaig avançant carrers amunt, tornés a ser l'Òscar Ribalta de tota la vida. Bé, de tota la vida no, perquè no em queda gaire temps per a seguir-ho sent. Però de moment he de continuar sent l'Òscar-rei.

En arribar a casa, en Bob se'm llança al damunt i he de fer un esforç per aguantar l'equilibri i que no em tiri per terra.

—Tranqui, tranqui, que ja ha arribat l'alegria de la casa!

Amb unes quantes llepades a la cara per part seva i unes bones moixaines per la meva, ens separem amb gran disgust del gos que de segur voldria que les festes no s'acabessin mai; però jo tinc ganes de trobar el meu germà i explicar-li tot el que he fet.

—Sergi! Sergiii!

No em contesta ningú, només sento el silenci com a resposta.

—Mamà?

No res.

—Maria?

No res tampoc.

—On és la gent d'aquesta casa?

Si ho arribo a saber no corro tant per venir.

El papà no cal que el cridi. A aquestes hores no hi és mai, entaforat com està al seu despatx.

***

L'Antonio m'ha dit que demà no podríem anar junts que té "feina", que ha de recuperar tot el que ha perdut avui i ja me l'imagino perseguint cotxes com un desesperat.

Jo, per la meva banda, hauré d'anar a l'escola. Demanaré un justificant al pare. Ja tinc pensada l'excusa: avui he hagut d'anar urgentment a l'entrenament de tennis, per als campionats, és clar. El pare no em dirà res del tema. Si d'algun tema no es preocupa és del tennis. Sap que m'agrada massa per a escapolir me'n (l'escola ja és una altra cosa). Fàcilment signarà el justificant. I avui jo he pogut gaudir d'un dia molt "especial".

De sobte, unes passes conegudes m'avisen de la presència de la Maria.

La Maria porta a la mà una mena de tub que diu que és per a adobar no sé què de la rentadora. La Maria en sap molt d'arreglar coses; poques vegades hem d'avisar els tècnics perquè ho facin.

—Fas una cara estranya, Òscar. Alguna en portes de cap...

La Maria sempre m'endevina el pensament. De vegades penso que té "poders". Que jo sàpiga l'Antonio i la seva gent no se m'han de veure pas dibuixats a la cara.

—Avui, la senyoreta Gertrudis ha trucat demanant per tu, diu que no has anat a l'escola... —em diu de sobte.

—He estat al club, el campionat, ja saps...

Maleïda Gertrudis! No ha pogut esperar a demà...

—I... ja ho saben els teus pares? —em continua interrogant la Maria.

—Em vaig oblidar de dir-los-ho...

Després de quedar-se una estona pensativa, la Maria m'engega sense embuts:

—Sort que m'ha trucat a la tarda, perquè si m'hagués trucat al matí hauria hagut d'avisar els teus pares, però... he decidit esperar que vinguessis.

—Ja t'ho he dit, era al tennis...

—Ah... pel que sembla, avui t'has deixat la raqueta. L'he recollit de sota ell llit, en fer-lo...

—Eee... això, sí... me n'han deixat una.

La Maria m'ha enganxat i he hagut de reaccionar ràpidament.

De totes maneres, no s'ho empassa. La Maria ho sap, no sé com s'ho fa, però ho sap. Allò que deia dels "poders".

—No et fiquis en cap problema, Òscar.

—Que no, dona, que no... I la mamà? I en Sergi?

—La teva mare l'ha acompanyat al dentista, li feia molt mal la boca.

Buf! Sembla que de moment me n'he sortit, però no em puc descuidar gens ni mica.

***

És curiós, a l'hora de sopar em sembla que tots han d'endevinar que jo he passat el dia amb l'Antonio. En part, em sento malament. Fins ara jo no els havia enganyat mai. Però no m'importa, me l'han feta massa grossa. Tinc ganes que sigui l'hora d'anar a dormir. Ho vull explicar al meu germà.

Pobret! Gairebé no pot menjar. Té problemes amb la boca, les seves dents són un poti-poti. En Sergi duu aparells d'ortodòncia per a corregir-les i darrerament el Mayol, el dentista, ortopèdic o com es digui, les hi està fent passar magres (deu ser familiar del doctor Camprubí).

Divagacions a part, el meu germà porta un aparell molt complicat i un dels ferros es veu que se li va incrustar a la geniva i el nano no se'n va adonar —el xicot és molt sofert— i en pocs dies es veu que se li va cicatritzar i tot. Així doncs, el Mayol ha tingut feina.

Pobre nen, està fet un nyap. La Maria li ha fet un batut de pinya —li encanta— i el pobre el va xarrupant com pot.

***

En acabar de sopar he demanat al papà que em signés a l'agenda. Aquesta mena de coses li agrada fer-les, al papà, i a la meva mare no li importa que sigui ell qui ho faci.

Li he explicat, amb el millor dels meus arguments, que avui no havia pogut anar a l'escola perquè he tingut entrenament de tennis. Tot just em va avisar ahir en Sebastià.

Com ja em pensava, no hi ha hagut cap problema. El meu pare està "massa ocupat" per a preocupar-se de saber si és veritat o no.

Feina feta!

Amb una mica de sort, encara podré fer algun altre dia de campana. Com a mínim!

En anar cap a la meva habitació, m'he creuat amb la Maria pel passadís. No m'ha dit res però he vist un deix de retret en els seus ulls.

Em sap greu.

***

Estic impacient per explicar-ho al meu germà. Ara, en anar a dormir en tindré ocasió. Ell i jo dormim junts.

La mamà, un dia ens va dir si volíem una habitació cadascú, així, per separat, i jo vaig témer que en Sergi-vida digués que sí. La veritat és que ens vam mirar tots dos fit a fit i vam contestar a la mare que no.

A casa hi ha molt espai, és molt gran, no com la de l'Antonio que no pots fer dues passes seguides sense ensopegar amb res o amb algú. Per això precisament, perquè és gran, que ens agrada estar junts per tenir la sensació d'estar més recollits.

En Sergi és al bany. Sento com glopeja un beuratge que li ha preparat la Maria mentre jo friso perquè vingui i puguem parlar.

—Què fa la boca? —li pregunto en un intent de no semblar massa nerviós per explicar-li les meves coses.

Té els llavis inflats i emet una mena de soroll que no acabo d'entendre. En realitat no cal que em digui res, només vull que m'escolti. Tanmateix, penso que avui no és un bon dia per a ferli confidències; però no me'n puc estar.

—Avui he fet campana a l'escola! —li etzibo així, de sobte.

En Sergi se'm queda mirant amb els ulls molt oberts.

—No endevinaries mai on he estat!

En Sergi-vida prova sort i ens passem força estona —a més té molts problemes per a parlar— intentant que ell ho encerti.

—Fred, fred, fred. És un barri del qual ni coneixes l'existència. No hi has estat mai i crec que tampoc no n'has sentit a parlar —li dic com a pista.

I després d'una bona estona més, li ho deixo anar.

—El Polvorí!

—*On éf, affò*? (Traducció: on és, això?)

—És un barri de Montjuïc. —li responc, content d'haver marcat un gol.

—*I fè imoni hi fees, aià?* (—I què dimonis hi feies, allà?)

—No hi he anat sol. He anat amb l'Antonio... No és ningú de la classe —m'afanyo a aclarir-li abans que m'ho pregunti—. És un noi del carrer, un gitano per ser més exactes, i avui he estat amb la seva gent.

I li ho dic molt ample i orgullós, com si fos la cosa més natural del món

—*Ffè?* (—Què?)

—Què passa?

—*Eftàf boiffx*! (—Estàs boig!)

—Si, ja ho sé, per moltes raons i coses, però això ara no té cap importància.

—*Feffè ho haf fet?* (—Per què ho has fet?)

—No ho sé ben bé, però només tinc clar que ho tornaré a fer quan pugui.

—*No fonefes afeixta xent de fes, et fots ficar en algun mefder. Fè volfx demoftrar?* (—No coneixes aquesta gent de res, et pots ficar en algun merder... Què vols demostrar?)

I per uns breus moments, se'n torna al lavabo a glopejar una mica més perquè, amb l'esforç de la xerrada, li ha entrat salivera.

Per què em parla així el meu germà? Per què sempre té raó amb el que diu?

És veritat: què intento demostrar?

No n'estic segur.

Em sap greu haver explicat tot això a en Sergi-vida. No per què sàpiga el meu secret sinó perquè s'ha quedat preocupat. Es curiós, sempre tinc la sensació que em protegeix. I hauria de ser al revés, ell és el petit.

Amb les galtes inflades —continua glopejant—, treu el cap per la porta del bany, em mira i es posa el dit índex al polze. Un gest prou eloqüent que no admet cap mena de dubte del que pensa.

—*Ffffppptt...* —em dedica.

Aquesta vegada la traducció ha estat impossible i li dic que demà ja continuarem parlant que ara necessita descansar.

Pobre Sergi-vida, ell també ha patit una mena de metamorfosi.

***

Del llit estant, penso en l'Antonio i en tot el que hem fet avui. Em sento trasbalsat per allò d'aquell tipus, el Mateo, la pasma i tota la pesca. Jo mai no havia viscut una experiència d'aquesta mena i fins i tot em fa pensar que no hagi estat imaginacions meves o que ho hagi vist en una pel·lícula.

Tinc ganes d'estar amb l'Antonio altre cop, necessito veure'l altra vegada i li vull preguntar moltes coses. No sé pas què deu passar amb el seu germà Ismael...

M'adormo amb el cor excitat, amb els sentiments confusos mentre un ventet suau entra per la finestra i m'amoixa els peus que he tret fora del llençol. M'agrada que me'ls ventili el vent de la nit, suau, humit.

# 10. Atordiments

He hagut de córrer per agafar l'autocar. Cosa rara. Per sort, l'he enxampat just quan arrencava. Avui l'Arnau no m'hauria esperat com ahir perquè deu tenir avís que vaig estar absent.

—Som-hi, noi, som-hi, que és tard. Què, ahir vas fer campana, eh? —m'ha preguntat.

M'he posat vermell com un tomàquet. Com ho sap?

L'Arnau m'ha somrigut i ha continuat com si res. Dedueixo que és com una frase feta. Poc s'ho pensa que és veritat.

No em passa gairebé mai, però aquest matí se m'han enganxat els llençols. Entre una cosa i una altra, en Sergi-vida i jo ens vam adormir molt tard, amb tanta xerrera, i a mi em va costar d'agafar el son pensant en tot el dia que havia tingut.

***

En pujar i passar pel costat de l'Eugènia no li he dit res. En canvi, ella a mi sí. No m'importa que vegi que estic ofès. Posat que se me'n rigui, no penso fer-li la gara-gara. Què s'ha cregut!

Avui no estic de bon humor, ho sento, però li tocarà rebre al *Lapaman*. Com faci un dels seus numerets rep i de valent. Tinc l'excusa perfecta per a treure'm els nervis de sobre.

—Què et va passar ahir? —em pregunta l'Eugènia acostant-se al meu seient. I no puc resistir de mirar-me-la als ulls i contestar-li.

—Vaig tenir entrenament de tennis...

Però després he tombat altre cop la cara cap endavant. No tinc ganes de parlar amb ella, em fa mal.

Ho he dit molt convençut, això del tennis, fins i tot a mi em sembla veritat. El fet de portar la nota signada pel pare em dóna seguretat.

***

Un accident de cotxes fa que el trànsit s'aturi, i avui, a l'inrevés d'altres dies, tinc ganes d'arribar a l'escola. No puc suportar seure al davant de l'Eugènia i passar d'ella. D'altra banda, no en vull saber res.

Hauré de fer un esforç i pensar en una altra cosa. Em concentraré en el dia d'ahir...

El cor em batega de pressa.

Ha estat fantàstic. Em sento atordit, com quan pujo a una muntanya russa i, en baixar, tot em fa voltes. És com si no fos jo, com si estigués vivint una altra vida. I ara que m'hi he ficat no la vull deixar. A veure si tinc sort i el veig a la tarda. M'he sentit bé amb ell. El meu món s'ha trencat, ja no hi pertanyo. Els meus amics de sempre estan lluny, en el cor i en la distància. Els companys nous de l'escola... no m'hi acabo de fer. En Raül és bon jan, sí, però no connectem prou.

I l'Eugènia, amb en Christian, m'ha ben fotut.

A classe, en Raül també m'ha preguntat per ahir.

—Ahir no vas venir... La campana, oi?

—No, vaig tenir entrenament de tennis —menteixo.

Val més que de moment segueixi el guió, no vull que encara esclati res.

Suposo que és normal que em preguntin per què he faltat, però, no ho sé, sembla com si sabessin alguna cosa. Deu ser la mala consciència d'haver-me saltat les normes. Però no m'importa, tan sols és qüestió d'acostumar-s'hi. Ho tornaré a fer.

***

La jornada escolar transcorre llarga i feixuga, tan sols mitigada per l'estona del pati on juguem un partit de futbol sense gaires ganes.

En un racó, veig l'Eugènia que parla amb les seves amigues, com sempre. I jo —deuen ser imaginacions meves— tinc la sensació que, de tant en tant, em mira. A mi, només.

En acabar el partit, noto com en Raül busca la meva companyia. Per a mi que no s'ha empassat el tema del tennis. I decideixo explicar-li-ho.

—Abans, no t'he dit la veritat, allò de l'entrenament ha estat l'excusa...

—M'ho ha semblat, però no n'estava segur.

I, en deu minuts només, entaulem una conversa com mai no ho havíem fet durant el curs.

En Raül s'ha sorprès força de tot el que li he explicat,

—Així que... te n'has anat amb un noi del carrer que neteja parabrises? Ja ets ben especial, ja!

Però m'ha escoltat amb atenció, com fa la Maria quan li explico què em passa.

—No ho sé, hi ha alguna cosa que no em lliga... —m'ha continuat dient una mica preocupat.

—No et pensis, a mi tampoc. Però de moment no vull pensar, només tinc ganes de deixar-me portar, de seguir el meu instint.

—Has de reconèixer que no és normal el que estàs fent.

—I què és el que és normal? Estic fart que tothom em digui el que he de fer i que això està bé i allò no. L'Antonio em fa veure les coses d'una altra manera.

—I de segur que tu a ell, també —em comenta en Raül. I les seves paraules em fan pensar.

El timbre per a tornar a classe ens destorba de la nostra conversa, però potser ja està bé així, ja tindrem temps de continuar. En aquests moments, per primera vegada en molt de temps, em sento bé.

***

He tingut sort: en tornar de l'escola, a la tarda, he pogut parlar amb en Luismi —la veritat és que encara no m'he acostumat a dir-li Antonio— i hem quedat per veure'ns aquest cap de setmana.

Es presenta bé, el cap de setmana, vull dir. Promet. Demà, dissabte, comença el torneig de tennis i tinc moltes possibilitats de classificar-me. Els pares hi vindran, en aquests moments és l'única cosa que jo faig de què estan satisfets. Espero que el pare no pregunti res a en Sebastià sobre "l'entrenament" de l'altre dia. No vull que m'enxampi encara.

A la nit, sortiré amb l'Antonio. He quedat amb ell i uns amics de la seva colla. Sento curiositat i fins i tot una mica de por, ja que —i em sap greu reconèixer-ho— encara tinc prejudicis.

Només d'arribar a casa he notat com en Sergi-vida em dedicava mirades d'intriga. El meu germà està neguitós i pateix per mi. No el vull amoïnar amb els meus problemes.

—Què, nano? Com va la boca?

Avui, el meu germà ja parla un llenguatge entenedor, tot i que encara s'embarbussa.

La Maria m'espia, ho noto. Ella sempre s'adona del que em passa...

—Alguna en portes de cap, Òscar —m'ha tornat a dir. I jo li he contestat que no, i li he dit que no s'amoïni i li demano per ballar.

Com que els pares no són a casa —han anat a un dels seus sopars amb els amics— no tenim cap problema per a posar la música al màxim i deixar-nos portar per ella. Millor dit, la música porta la Maria i la Maria em porta a mi. El meu germà és l'únic testimoni de la nostra actuació i val a dir que sempre podem comptar amb els seus aplaudiments, que són d'allò més afectuosos. A en Sergi-vida no li agrada ballar. Em sembla que li fa vergonya. Jo rai, com diu el meu pare, no conec què és això.

—Fa un tango? —em pregunta il·lusionada la Maria amb la perspectiva d'una ballaruga.

Fa poc que me n'ha ensenyat i, tot i que no el domino encara, la veritat es que ja començo a sortir-me'n amb les passes. Li ha costat temps ensenyar-me'n. Ella diu que és difícil.

—El tango l'has de sentir a la pell —m'explica.

I jo li faig cas i em deixo portar per la música i les seves passes segures.

La Maria balla molt bé. M'agradaria que fos la meva parella de ball. Voldria que ens presentéssim a concursos i coses d'aquestes. Quan en sàpiga més li ho proposaré. Ha! No vull ni pensar la cara que farà el pare. Ballant, i de parella amb la minyona!

***

A la nit, a l'habitació, el meu germà m'espera ansiós. Em sento important d'ésser el seu centre d'atenció.

—Què? —em pregunta.

—Què de què? —li contesto fent-me el desmenjat.

—De què serà? Del teu amic, del gitano! —em demana.

—Bé, suposo... —m'agrada tenir-lo intrigat.

—Au, va, de segur que en tens alguna de *ffensada*... (traducció: pensada. És allò que us deia abans de l'embarbussament periòdic.)

—Demà, a la nit sortiré amb ell...

—Apa! Jo pensava que vindries a la festa de la Sílvia!

—Em sap greu, però he quedat...

La veritat és que sí que me'n sap, de greu, perquè en Sergi estava molt il·lusionat. Com que ell és més petit, no el deixen sortir a la nit, només en alguna ocasió en especial i aquesta n'és una. La Sílvia és filla d'una amiga dels pares i per celebrar el seu aniversari jo crec que ha convidat mig Barcelona. Farà la festa a casa seva i era d'esperar que en Sergi-vida i jo hi anéssim.

—No m'ho pots fer, això! Si tu no hi vas, els pares no m'hi deixaran anar!

—No t'amoïnis... alguna en pensarem... t'hi podria acompanyar i, un cop allà, ja fotré el camp.

—I si els papàs se n'assabenten... què els diràs?

—Potser quan ho facin, ja serà tard...

Les frases lapidàries em surten de primera. Almenys, amb en Sergi-vida fan molt d'efecte, però el paio (en Sergi és un paio, ja m'ho he après) ha reaccionat abans d'hora i em posa pegues.

—Però els papàs sabran que jo t'he encobert i també me les carregaré i no en tinc cap ganes.

Hauré de recórrer al suborn.

—Et proposo un pacte: tu fas el que t'he dit i et regalo la meva samarreta nova.

Els ulls se li han obert de cop. En Sergi-vida es deleix per una samarreta que em va regalar l'avi no fa gaire. A ell també n'hi va regalar una, però es va enamorar de la meva. I a mi, la veritat és que tant se me'n dóna.

—Que me la regales?

—És teva per sempre!

—I què dirà l'avi?

—Li direm que ens l'hem canviat...

En Sergi-vida no s'ho pot creure. No us penseu ara que la seva samarreta era molt pitjor que la meva. Res d'això, el que passa és que el meu germà sempre ha volgut el que jo tinc i com que ara tenim pràcticament la mateixa talla... *No problem!*

—D'acord, d'acord, jo em quedo la teva samarreta i tu te'n vas amb el teu gitano...

—No siguis racista, tio!

—No ho sóc, de veritat, però no ho sé, no ho veig clar.

—No t'hi capfiquis. Au, vinga, anem a dormir que jo demà he d'estar en forma —li he dit de tot cor i amb l'esperança que demà la sort m'acompanyi.

# 11. Sempre competint

Avui farà un sol que rebentarà el cap dels rucs, com diu l'avi. Ho he calat només d'obrir la finestra. Una plantofada de calor m'ha donat el bon dia. I això que només són quarts de vuit.

En Sergi-vida segueix dormint com un soc, a ell no el molesta que obri la finestra de bat a bat. Jo crec que ni un tornado el despertaria. Em sembla poder llegir la notícia als diaris:

"Individu trobat dormint plàcidament després del greu sinistre esdevingut a la ciutat. Fonts ben informades asseguren que ni el fet d'haver anat a petar al bell mig de la muntanya del Tibidabo..."

És la seva creu: no poder dormir tot el que ell voldria.

Serà un problema jugar amb tant de sol perquè no m'agrada gens posar-me ulleres d'ídem, ni gorres, ni res al cap. Però no em quedarà altre remei.

Eugènia... M'agradaria que vingués a veure el partit.

La Maria és un sol. M'ha preparat el meu esmorzar preferit: ous ferrats amb *bacon*, patates fregides i suc de taronja. En Sergi-vida també s'hi apunta. Encara que ell no té competició. El barrut diu que ho gasta estudiant i potser sí, perquè estudia molt i d'altra banda està força prim.

—A punt, noi?

El papà, quan em diu noi, és quan està a bones.

—Òscar, rei, no et deixis res..

La mamà està guapíssima. Aprofita l'ocasió per lluir algun dels seus modelets. Jo sé que moltes de les seves amigues li tenen enveja. Ella ho sap també i li agrada fer-les enrabiar. La mamà és una mica coqueta i el papà està encantat que ho sigui.

***

He guanyat i de pallissa a més. L'ambient era fantàstic i m'hi ha ajudat molt. Uns quants companys han vingut a veure'm. Aquí, al club és un dels pocs llocs on coincidim els amics de tota la vida. Aquest matí he tingut la sensació que tot era com abans. Potser hauria de fer el que em diu la Maria i no fer tantes voltes a les coses, que les voltes només s'han de fer per a ballar...

I en Raül també ha vingut, ha estat dels primers a felicitar-me.

—No sabia que fossis tan bo en això del tennis, a mi també m'agrada.

—Juguem un dia d'aquests! —li proposo.

—No tindrà color, t'avorriràs amb mi.

—No t'ho pensis, encara que no en sàpigues gaire, sempre se n'aprèn.

I hem quedat per al proper dissabte, si és que no tinc cap compromís per al campionat. Estic satisfet, cada vegada ens entenem més amb en Raül.

Però amb tantes coses, ho tindré fotut per a veure l'Antonio...

I l'Eugènia?

Evidentment, ella no ha vingut a veure'm. Sóc un tanoca, perquè la podria haver convidat. Però no, em fa molta ràbia i qui sap si encara tindria la barra de venir amb el *guaperes* d'en Christian.

Déu meu, no me la puc treure del cap!

***

Perill a la vista!

En Sebastià està parlant amb el papà. De segur que li vol demanar que em deixi més hores per poder-me entrenar. Ai, que potser se n'assabentarà de la bola!

Amb la qüestió de la bola hi ha sort i, pel que sembla, l'entrenador no li comenta res, però no en tinc gens amb la qüestió de poder-me entrenar més. El papà fa el sord i canvia ben aviat de tema.

—Ha estat fantàstic, noi.

—M'hauré d'entrenar més...

—Si t'organitzes bé, no hi haurà problema...

—Papà... sé que puc ser bo en el tennis, però hauria de deixar una mica els estudis.

—Ni t'ho pensis!

—Adolf-*carinyo*, n'hauríem de parlar...

—No hi ha res a parlar, que no veus que si encara va menys a l'escola no traurà ni un crèdit!

I se'n va cap al cotxe amb l'excusa que ha d'agafar no sé pas què i ens deixa a la mamà i a mi palplantats.

—Òscar-rei, ho arreglarem...

No li contesto, a la meva mare. Amb la meva mirada n'ha tingut prou, però. És com si li hagués dit: "Ho veus, amb aquest individu no hi ha qui hi parli".

El problema és que aquest individu és el meu pare.

***

A mesura que va passant el temps, cada vegada m'importa menys mentir i anar a la meva. Per això, en aquests moments no tinc cap mena de remordiment de fer veure que m'estaré a la festa de la Sílvia.

—Fins després....

I en Sergi i jo sortim de casa plegats.

La casa de la Sílvia és molt a prop de la meva i hi anem caminant. En arribar, ens trobem a la porta alguns amics que també van a la festa i hi entrem junts.

Pugem per l'ascensor que ens porta a l'àtic i allà en una enorme terrassa que tenen els Llobet, els pares de la Sílvia, és a punt de començar una de les típiques reunions "d'amics selectes" que la Sílvia té el morro de qualificar de festes. El cert és que són terriblement avorrides.

—Hola, Sílvia... gràcies... Sí, no m'ha estat difícil guanyar... Sí, gràcies.

En Sergi-vida sempre em comenta que la Sílvia en qüestió em va al darrere, i potser té raó, i més ara que m'estic convertint en una "estrella del tennis". Ha!

L'ambient m'ofega i necessito sortir aviat. Així doncs, m'afanyo perquè tothom em vegi, quedi palesa la meva assistència i me'n vaig.

—Et vindré a buscar, nano, no pateixes.

—I què dic si em pregunten per tu?

—Inventa't el que vulguis, vida: tu tens molta imaginació. Adéu!

***

La nit se m'ofereix com un pastís per a mi sol. Tinc la sensació de deixar enrere un altre Òscar Ribalta. I dic adéu a aquest món competitiu que m'ofega. N'estic fart de competir per tot.

Em sento incapaç de controlar la situació tal com vol que ho faci el meu pare. Ja no puc seguir més les seves normes. No puc continuar competint amb estudis, amb la gent que m'envolta... Vull que se m'accepti tal com sóc. Com fa l'Antonio, que no li importa que sigui un *pijo*.

No vull lluitar per guanyar-me l'estimació d'una noia que no em fa cas... De fet, no vull res més que ésser jo mateix...

I qui sóc jo?

Encara no ho tinc clar, però estic segur que si puc ser lliure ho aconseguiré i tanmateix si he de competir en un lloc només ho penso fer en la pista de tennis.

Hauré d'afanyar-me, m'he entrentingut més del compte a casa de la Sílvia i l'Antonio em deu estar esperant ja a la Plaça Catalunya. Vaig *arreglao* com diria ell, però no era qüestió d'aixecar sospites entre el personal. D'altra banda els amics de l'Antonio m'hauran d'acceptar tal com sóc, com els meus ho hauran de fer amb ell.

# 12. Mentides

Em sento com la Ventafocs quan toquen les dotze campanades i ha de sortir del ball. Jo no he deixat un príncep blau, però sí un bon amic. Ara ja ho tinc molt clar que ho és. L'Antonio és amic meu i res no desitjo tant com que ell pensi el mateix de mi.

I és fantàstic no haver d'anar amb explicacions de tot el que fas.

—Me n'he d'anar a buscar el meu germà —els he dit a l'Antonio i companyia, que per cert són massa. Només n'hi ha un que no em fa peça, però això ja és normal entre un munt de gent.

***

De moment, tot va sobre el previst. Amb en Sergi-vida havíem quedat que a la una seria altre cop a casa de la Sílvia i així ho he fet.

En Sergi-vida s'ha espavilat d'allò més en el tema de la meva sobtada desaparició. "No es troba gaire bé i ha anat a casa a buscar la medicació...", els ha explicat.

Només d'arribar, m'ha posat ben aviat al corrent, per això havíem quedat a una hora exacta. El meu germà era a la porta com un clau, esperant-me.

En els ulls blaus d'en Sergi-vida he llegit la curiositat i la intriga. El pobre nano està desconcertat. L'agafo per l'espatlla i li comento:

—Tu tranqui, tot en ordre.

—On has anat?

—Amunt i avall, no res d'especial. A llocs, xerrant amb la seva gent. Ja en parlarem...

Llavors, en veure que la Sílvia es dirigia cap a mi, hem hagut d'interrompre la nostra conversa.

—Com estàs? Fa molta estona que no et veig. En realitat, des que has arribat que no...

—Sí, és clar amb tanta gent, deus estar molt ocupada...

I per evitar qualsevol sospita en deixo anar una que no falla mai amb una noia com ella.

—T'afavoreix molt aquesta camisa...

Però el seu somrís apegalós m'ha fet adonar que jo mateix m'estava posant un parany molt perillós.

—Perdona... vaig un moment amb en Borja, hem de comentar un parell de coses, del tennis, ja saps.

I l'he deixat amb la boca oberta —segur que a punt de dir alguna bajanada— mentre el meu germà em feia ganyotes molt significatives amb els ulls.

És clar que si ell pensa fer conya amb la Sílvia, jo el penso atacar amb la figa-flor de la Patrícia, una nena escardalenca de qui el meu germà està força penjat.

***

Els comiats han durat més del que jo desitjava i em començo a sentir malament, com un hipòcrita. Feia una estona, estava explicant precisament a l'Antonio que estava tip de compliments i d'aguantar gent que jo no he triat. De tantes coses que ara són les que estic fent.

Però, és clar, no puc canviar la vida així, de sobte. Hi ha gent que no en té cap culpa.

***

En arribar, la mare ens esperava aixecada.

—Què nois, us heu divertit?

—Moltíssim...

En Sergi-vida s'explica per mi. Fins i tot ha donat a la meva mare detalls de la meva indisposició. El nano està molt satisfet de tenir la meva samarreta.

—La veritat és que no em trobo gaire fi...

Calia acabar de lligar bé la jugada.

—Deu ser el cansament del partit... —argumento convençut.

—És que t'has esforçat molt, Òscar, rei. Necessites descansar.

Pobra mamà! Tan preocupada per mi i jo enredant-la ben enredada. No li agradaria gens saber que no he estat amb en Sergi, a casa de la Sílvia. En sap greu enganyar-la perquè sé que això és el que a la mare li dol més, que l'enganyem. Sempre ens diu que ho pot perdonar tot, però que la mentida és l'única cosa que no pot suportar.

Amb el papà ja és una altra cosa. Em sap greu que, perquè jo vulgui fastiguejar el meu pare, ella hagi de patir; però d'altra banda, tampoc no em va defensar gaire a principis de curs quan el pare va decidir que canviés d'escola. En aquella ocasió, ella hi hauria pogut fer alguna cosa, però no va fer res. En realitat, encara que rondina, el papà sempre acaba fent el que la mamà vol.

***

He sentit que la Maria em cridava des de la cuina perquè l'ajudés a no sé què. Imagino que és una excusa per a parlar amb mi.

Moltes vegades ho fa.

—Encara no has anat a dormir, Maria?—li pregunto volent desviar una conversa que no m'interessa.

—Jo també he sortit aquesta nit, Òscar... He anat al cinema, amb aquell xicot de qui et vaig parlar i... tu... què has fet?

—Ja ho saps, he anat a casa de la Sílvia.

—Ja...

—No em creus, oi?

—La veritat és que no, gens.

—Doncs pitjor per a tu...

I me n'he anat de la cuina donant un cop de porta. Què s'ha cregut? Ni que fos la meva mare!

***

—Què, què has fet? A on has anat?

En Sergi-vida m'espera a l'habitació, impacient perquè li expliqui la meva escapada.

—No res d'especial, ja t'ho he dit abans. Ens hem trobat amb l'Antonio i uns amics seus i hem voltat, ací, allà i sobretot hem parlat molt.

—I de què parleu?

—Uf! L'Antonio és un pou de ciència.

—Em vas dir que no anava a l'escola...

—Sí, però no és això. La "ciència" de l'Antonio és natural, no s'aprèn, li surt de dins.

—Et cau molt bé, oi?

—Sí, la veritat és que sí.

—M'agradaria conèixe'l...

—Li penso dir que algun dia d'aquests vingui per casa.

—Ha! Serà divertit!

—Poca broma, nano. L'Antonio és amic meu.

—Qué si, home, que sí.

I després de molta xerrameca, decidim posar-nos a dormir, però per més que ho intento, no puc. Massa coses m'estan succeint darrerament i ... també penso en la conversa que he tingut amb la Maria a la cuina. Em sap greu. No es mereix que la tracti així. Demà li demanaré disculpes.

# 13. Dibuixant una esperança

Avui he vingut a la parada de l'autocar més aviat. Volia parlar amb l'Antonio. Durant tota la setmana no ens podrem veure i li ho havia d'explicar. No sé si podré fer una altra campana perquè tinc molt d'entrenament, i tanmateix, si vaig guanyant, les successives eliminatòries em mantindran ocupat. Però potser entre partit i entrenament podré trobar alguna estona.

Tant de bo que guanyi el torneig!

L'Antonio, l'altre dia, em deia que sóc un cagadubtes, i que m'he d'aclarir d'una vegada. "*Si no quiere ir a la escuela, la deja y punto*", em deia convençut.

Per a ell és molt fàcil. Ell està avesat a tenir llibertat. Jo encara no. Em fa sentir ridícul, però la veritat és que encara tinc la sensació que he de demanar permís per a tot. "*Que ya no ere chiquitiyo!*", em diu també sovint. I a mi, aquest tema, em fa sentir estrany, molt estrany.

Per a l'Antonio ja sóc una persona gran i m'hauria de comportar com un adult: prendre decisions i espavilar-me a la vida. A casa meva, en canvi, em repeteixen contínuament —especialment el papà— que sóc un irresponsable, que encara no tinc edat per a decidir i que primer m'he de construir un futur —quin futur?—. El seu futur, és clar.

Ja no puc més.

I l'Eugènia...

Només ha estat un miratge de les meves il·lusions, un enlluernament enmig de la fosca nit...

***

—Ei, Antonio!

Allà el veig, empaitant una meravella de cotxe esportiu.

Li he de dir, però em fa una mica de cosa. L'Antonio no sé si voldrà. Ell és molt seu i quan té clar un tema no hi ha qui el faci canviar d'opinió. Però faré com ell i li ho abocaré així, de cop.

D'altra banda és senzill, només li vull proposar que vingui a casa meva.

L'Antonio, en veure'm, interromp la seva feina i ve al meu encontre amb una esponja força fastigosa a la mà.

—*¿Qué, no vamo un ratiyo por ahí?* —em pregunta molt engrescat.

—No, no faré campana, avui. No puc. Aniré a la "presó". Escolta... he pensat que podries venir un dia d'aquests a casa.

—*¿A tu caza? ¿Seguro?*

—I doncs?

M'ha somrigut i m'ha dit que potser sí, que ja veurem.

—Que ve l'autocar, adéu!

I alhora ell ha corregut també a l'encalç d'un cotxe brut amb l'esperança que el seu conductor no tingui esma per a dir-li que no, de netejar-li els vidres.

En pujar, el cor m'ha fet un salt. El seient del costat de l'Eugènia és buit. En breus instants l'orgull i el desig es barallen.

Guanya el desig.

Per què? Si jo no ho vull. Però el somrís de l'Eugènia ha fet caure l'orgull. Eugènia, ulls de mel.

—Què passà? Darrerament et noto molt estrany —em pregunta interessada.

—Estic ocupat amb el tennis...

L'Eugènia em mira i no em diu res, sembla que estigui pensant en una altra cosa. Després gira el cap i mira a través de la finestra.

Restem una estona callats rumiant jo el més oportú per dir quan en realitat només li vull fer una pregunta. Aquesta vegada, en la lluita, venç l'impuls i no el reprimeixo. L'Antonio diu sovint que t'has de cremar a la vida, que sense risc aquesta no existeix.

—Surts amb en Christian, oi?

L'Eugènia em mira fixament, obrint molt els ulls. Alhora, empipada, em deixa anar:

—Jo? No... D'on has tret aquesta idea?

—No sé, diuen... em semblava...

—Doncs l'imbècil que t'ho hagi dit s'ha equivocat de totes, totes!

I es queda una estona emmurriada, entaforada en el seu seient i remugant un seguit de coses, algunes de les quals no arribo a comprendre.

—Sembla mentida! Al tercer mil·lenni! No pots estar parlant ni cinc minuts amb un tio, que ja te l'encolomen com a *nòvio*!

Mentre me l'escolto l'esperança torna a aparèixer al meu horitzó. Ara penso que he fet bé seient al seu costat i que la Maria té raó quan diu que parlant la gent s'entén.

De vegades, el que cal, és dir les coses, demanar-les...

Al cap d'una estona, en la que jo he anat assaborint una íntima satisfacció, l'Eugènia continua...

—M'agrada en Christian, em cau bé, ens coneixem de tota la vida. De fet, som veïns, vivim a la mateixa escala...

—Potser us han vist junts i la gent, ja se sap, s'ha fet la seva pel·lícula. —li aclareixo pensant en la història que m'havia explicat en Raül. Quan el vegi...

—És possible, però no hi ha dret. Encara no sé com no diuen que surto amb en *Lapaman*!

Una ombra de dubte, però em fa insistir..

—Així que... no t'interessa en Christian?

I creuo els dits mentre espero ansiós la seva resposta.

—Ja t'ho he dit, em cau bé, però això de sortir amb ell, la veritat és que no, amb ell no...

I L'Eugènia em mira altre cop amb els ulls molt oberts, sincers...

Però en *Lapaman* —havia de ser en *Lapaman*!— trenca el moment màgic llençant-nos per sobre una bossa buida de pipes per cridar l'atenció —suposo— i jo, sense pensar-m'ho dues vegades, li engalto una plantofada que el deixa quiet per una estona.

En aquesta ocasió han estat els meus nervis els que han guanyat.

***

Aquest matí, a la "presó", el tutor m'ha fet un interrogatori exhaustiu sobre les meves activitats. Sap que estic compromès amb el tennis i m'ha demanat que li porti un programa complet —signat, evidentment— dels horaris d'entrenaments i partits. M'ha desitjat molta sort, això sí.

Aquest tema dificultarà el meu camp d'acció perquè jo volia que aquesta història em durés fins a final de curs. Després no m'importa que esclati la bomba, però ara encara necessito ser lliure i si al col·legi investiguen massa aviat s'adonaran que hi ha alguna cosa més, a part del tennis.

***

En tornar de l'escola, tot just quan he baixat de l'autocar, l'Antonio estava esperant-me. M'ha dit que sí, que vindria a casa, però he pogut veure una ombra de dubte als seus ulls.

Tinc ganes de veure com reaccionen. De segur que no els agradarà, a la meva família. Són massa primmirats i jo vull que l'acceptin tal com és.

L'Antonio, per la seva banda, encara que ho vulgui dissimular, també està una mica preocupat per veure l'efecte que causarà a la meva família.

—*De verdá, ¿quiere que vaya?* —m'ha insistit.

I m'ha costat de convènce'l que era això, precisament, el que jo volia. No ho sé, però m'ha semblat que ell, en el fons, també entenia que jo estava una mica preocupat.

—*Hatta mañana...*

I m'ha promès que vindria demà, que hi aniríem quan jo tornés de l'escola.

# 14. Visita inesperada

En entrar a casa, l'Antonio no ha pogut dissimular la seva torbació. S'ha quedat sorprès de tot el que anava veient: un ascensor que et deixa a dins de casa mateix, molts metres quadrats, la decoració exquisida...

—*¡De película, tío!* —m'ha dit, però, com a tot comentari.

El primer ja estava fet. Prendre contacte amb l'espai, amb el territori, les coses. Ara venia el més difícil: topar-se amb la gent perquè amb els animals ja ho havia fet. En Bob, de primer, l'ha rebut amb certa desconfiança, però ben aviat s'han fet amics.

—Maria, aquest és l'Antonio, un amic.

—Hola... —li ha dit ell tímidament.

La Maria li ha contestat el salut i tots dos s'han mirat fixament, com si es prenguessin les mides. M'agradi o no, el més segur és que la Maria, després, em donarà el seu veredicte. M'ha semblat llegir-li en els ulls: "Això és el que portaves de cap tot aquest temps..."

—Aquest és el meu germà, en Sergi.

—Hola, tu deus ser l'Antonio... —ha dit en vida, ensenyant el seu fabulós aparell d'ortodòncia en somriure.

En Sergi té la virtut de caure bé a tothom i ara ho he notat en els ulls negres de l'Antonio. Moltes vegades, es fa seus els meus amics abans que jo. Ben mirat tinc raons per a tenir mania al meu germà, però no la hi tinc. A mi, també em cau molt bé.

En Sergi surt momentàniament d'escena, ocasió que té l'Antonio per a dir-me:

—*En mi barrio, er bozal se lo ponemo a lo perro...*

—És perquè se li corregeixin les dents...

—*No te digo...*

I se m'ha quedat mirant con si es fotés de mi. A vegades penso que l'Antonio em pren el pèl. No sé si em diu les coses en broma o seriosament. En molts aspectes em porta força avantatge.

—*Hola, senyora* —ha saludat l'Antonio a la meva mare —que aquell dia era a casa— tot allargant-li la mà.

Carai, molts dels meus amics no ho fan això!

La mamà ha tingut un ensurt. S'ha quedat blanca. La mamà no sap dissimular, és com un llibre obert. La veu li tremolava tot i que ha intentat estar agradable i simpàtica, però a mi no m'enganya i crec que a l'Antonio tampoc.

El pare encara no l'ha vist. Ell arriba sempre més tard, no ve mai abans de les nou del vespre.

***

L'Antonio s'ha fet molt amic del meu avi que, avui, voltava per casa. L'avi és la pera i es fa amb tothom, com en Sergi. De vegades, el pare comenta que massa familiaritat amb els desconeguts pot portar problemes, però l'avi no en fa cap cas i cada dia és més trapella. Diu que es fa vell i que, si algun avantatge té, és la de fer el que li dóna la gana, i en comentar aquestes coses riu com un nen entremaliat quan acaba de fer una dolenteria.

L'avi i l'Antonio han estat parlant molta estona. Li ha explicat mitja vida, de quan els seus avis, uns immigrants andalusos van venir a Barcelona des d'un poble de Sevilla i es van instal·lar al desaparegut barri del Somorostro. Més tard van anar a viure al Poble Sec i la seva família es va allunyar cap al Polvorí.

Passem la tarda agradablement entre converses i un suculent berenar que s'ha cuidat de preparar en Sergi-vida.

Tot parlant, l'Antonio comenta que sap tocar la guitarra i jo li deixo la que tenim per casa.

—*Eztà mu desafiná*... —ens diu.

No m'estranya, la guitarra és del papà i fa segles que no l'agafa (afortunadament, d'altra banda, perquè el papà té un repertori no gaire selecte).

L'Antonio la toca de meravella, diu que li n'ha ensenyat el seu oncle.

—I no has anat mai a classe de música? —li pregunto molt sorprès.

Fa que no amb el cap. Es curiós, tant que em va costar a mi aprendre quatre acords i aquest nano té una traça envejable.

Amb una excusa una mica absurda, la mamà em crida a part i jo ja sé que és per a interrogar-me. L'Antonio es queda a la sala d'estar amb en Sergi-vida i l'avi, que està d'allò més distret.

A la cuina —centre de reunió més que habitual a casa meva—, la mamà m'espera impacient amb la companyia de la Maria.

—Òscar, rei. Aquest noi...

—Sí, és un gitano, però és amic meu —li engego sense preàmbuls, fent-me el dur.

—Fill meu, no és que jo vulgui dir qui ha de ser amic o no amic, però m'has desconcertat. I a més, has d'aprofitar el temps per a estudiar. No sé pas què dirà el teu pare...

Ja! És un truc de la mamà: posar el pare d'excusa.

Sí, jo també tinc ganes de saber què dirà el papà.

Mentrestant, la Maria, que està planxant en un racó de la cuina, ens escolta sense dir res i jo, per evitar més preguntes, torno cap a la sala d'estar.

—Vine, Antonio, anem al pàrquing: t'he d'ensenyar una cosa que t'agradarà...

El pare és un gran afeccionat de les motos i ara fa cosa d'un parell de mesos que se n'ha comprat una que és massa. La mamà no ho volia, li fan por; però, després de moltes discussions, ha cedit.

Jo sé que a l'Antonio també li agraden molt.

En Sergi-vida fa intents d'acompanyar-nos, però amb la mirada li indico que vull estar sol amb l'Antonio.

El pàrquing és una bona mostra de carrosseries de la millor qualitat i, de sobte, penso que no voldria que l'Antonio cregués que l'he baixat aquí per a fer-me el fatxenda. El cert és que ha estat una excusa per escapar-nos de l'avi, que no ens deixa de petja.

L'Antonio es queda embadalit observant uns cotxes que, la veritat sigui dita, poc podria netejar. I jo mentrestant aprofito per preguntar-li:

—Ja fa dies que t'ho vull dir i no he tingut oportunitat... què passa amb el teu germà, l'Ismael?

—*No passa na...*

I de cop el seu rostre ha adoptat un caire sorrut i empipat.

—El dia que vaig venir a casa teva, la teva mare plorava quan va preguntar per ell...

L'Antonio es queda en silenci, no diu res i al cap d'un moment m'ensenya no sé què d'una peça de la moto del pare. Fuig d'estudi i intenta desviar la conversa, ho veig clarament. Però jo sóc molt tossut.

—Què passa amb el teu germà, Antonio?

—*Ha muerto...*

—Mort? La teva mare no preguntaria per ell!

—*¡Que ha muerto, te digo!*

M'ho diu molt enfadat, perquè no li pregunti res més, però jo hi insisteixo.

—Vull que m'ho expliquis.

Alhora, conscient que jo continuaré fins que no m'ho digui, em diu:

—*Mi hermano Ismaé e mala gente. Ha muerto pa lo mío…*

—Què ha fet?

—*Mi mare ha enfermao por su culpa musha vese. E mala gente, te digo.*

—No t'entenc, l'altre dia gairebé defensaves aquell tipus que va matar aquell parell i ara em dius que el teu germà ha mort per a vosaltres...

—*Er Ismaé nunca ha sio bueno, pero ahora… la culpa de to la tié la droga… y … ¡quita ya!*

L'Antonio fa un gest de voler-se'n anar. Potser m'he passat volent saber massa coses.

—No te'n vagis, queda't a sopar. No et preguntaré res més del teu germà... Si us plau...

Les pupil·les negres de l'Antonio es claven en les meves blavoses i en un breu moment puc copsar la impotència que sent el meu amic per solucionar un problema que ja fa massa temps se li ha escapat de les mans.

Afortunadament, decideix quedar-se. No volia que se n'anés així: trist. Tanmateix em sento culpable per haver-lo forçat a parlar d'un tema dolorós per a ell. A vegades, sóc força inoportú.

A taula, tota la família —el meu pare també— observa discretament l'Antonio que, la veritat sigui dita, es comporta d'una manera d'allò més normal. Els qui se senten més còmodes, però, són l'avi —que a la vista del nou convidat s'hi ha apuntat de seguida— i en Sergi, que en tot moment treuen punta a qualsevol tema, com l'Antonio.

—*Ya pots menjar con ezo hierro?* —pregunta al meu germà tot fent un esforç per parlar en català.

—I tant! M'ajuden a triturar millor el menjar!

I tots deixem anar una sorollosa riallada que fa que l'avi Miquel s'hagi d'aguantar la dentadura postissa que porta.

En acabar de sopar, l'Antonio s'acomiada dient que demà ha d'anar a treballar i la sang se'm paralitza per les venes quan sento el meu pare que li pregunta:

—Ets molt jove... De què treballes?

Abans de contestar l'Antonio m'adreça una ràpida mirada on recull el meu espant.

—*Neteixo cotxa...*

—Doncs deus tenir feina a dojo perquè en aquesta ciutat contaminada els cotxes queden fets un fàstic i... —interromp l'avi, que no s'ha pogut reprimir de deixar anar les seves opinions, però que han servit en aquesta ocasió per a desviar la conversa.

En marxar, l'he acompanyat fins a la porta i aprofitem per parlar una mica.

—*Tranqui, pijo, no he disho na..*

—No m'interpretis malament...

—*Corta er royo, caraboyo. Me parese que tiene musha manía, tú.*

—Què t'ha semblat la meva família?

—*M'ha guztao ve a tu agüelo. Creia que los agüelo de lo gatjó eztaban to enserrao en un asilo...*

—El meu avi no viu amb nosaltres perquè no vol, però ve a casa molt sovint, quan li ve de gust.

—*Er "boquita de plata" e mu zalamero, pijo...*

—No em diguis més *pijo* o jo a tu et diré Luismi!

—*Tranqui, ya no te lo voy a desí má...*

***

En entrar altre cop dins de casa, m'he preparat mentalment per ser sotmès a l'inevitable interrogatori familiar.

—L'Antonio ja se n'ha anat...

—On us heu conegut? —m'ha preguntat directament el papà.

Per primera vegada em sento amb coratge suficient per dir-li les coses sense embuts.

—Pel carrer. Mentre cada dia m'espero que un autocar em porti a la "presó".

I guardo silenci, mirant-me'l fit a fit, reptant-lo.

—És veu un xicot molt eixerit, em recorda... —interromp l'avi. Però li dura ben poc, perquè la mamà se l'emporta subtilment i en Sergi-vida li demana que l'acompanyi a passejar en Bob.

Ara estem sols, l'un contra l'altre, i noto com dins el meu cor bull amb força tota la ràbia que he anat amuntegant tots aquests mesos.

—La teva mare està molt preocupada per tu.

No dic res, deixo que el silenci s'encarregui de deixar les coses al seu lloc. És evident que la mamà li ha parlat i encara que ell es vulgui fer el dur, també està preocupat.

—Et penses que em sorprèn que portis un gitano a casa?

—No ho diguis així: l'Antonio és amic meu!

Necessito controlar-me. M'està punxant i em vol fer sortir de polleguera.

—No ho dic de cap manera en especial, dic les coses pel seu nom! Et penses que així em fas la punyeta?

Les paraules em costen de sortir, noto com, en aquesta guerra dialèctica, ell guanya posicions.

—Jo..

—Si el que vols és provocar-me, no ho aconseguiràs!

—Deixa que...

No em deixa parlar.

—Deixa tu, marrec amb aires de milhomes. A mi, tant se me'n dóna, que tinguis amics gitanos! Almenys, aquest sembla que es guanya la vida d'alguna manera, no com tu, que ets incapaç de treure't un curs com Déu mana!

—Ets odiós!

I ho dic cridant, molt fort mentre els ulls se'm banyen de llàgrimes per la ràbia continguda.

En sentir-nos, la mamà apareix.

—Adolf, m'havies promès que parlaries amb ell, pacíficament, sense barallar-vos...

—No puc, Victòria, ho sento... És que no ho veus, que ho fa exprés? No veus com em mira?

—I tu, papà? Com em mires, tu?

—Prou, tots dos! No veieu que us esteu fent mal? No és tan difícil intentar-ho!

La mamà, en el seu intent de pacificar-nos, només aconsegueix el silenci com a treva.

Mentrestant, el soroll de la porta ens alerta que en Sergi-vida ja ha tornat de passejar en Bob.

—He deixat l'avi a casa seva —diu mentre ens mira inquiet, coneixedor que a casa s'acaba de lliurar una batalla.

I no serà pas l'última.

# 15. Distància

Han passat dues setmanes interminables. A casa les coses continuen igual. El meu pare i jo gairebé no ens dirigim la paraula i la mamà intenta, debades, el nostre acostament. Cada dia pren més analgèsics.

I estic desfet. Vaig perdre la final del torneig de tennis en la meva categoria. En Sebastià creu que, si m'hagués entrenat més, podria haver estat el campió. La veritat és que m'hauria agradat guanyar, ho necessitava tot i que no em puc queixar del resultat.

***

Som a divendres i després del cap de setmana queden pocs dies de classe. Tinc el pressentiment que un canvi profund s'esdevindrà. Potser és només el meu desig que canviïn les coses, les ganes de donar un tomb a la meva vida que em fan pensar en algun tipus de revolució.

Pràcticament ja som a la setmana dels exàmens. Serà un fracàs. El meu pare —tot i el desastre dels resultats anteriors—

confia encara que recuperi alguns crèdits. Desitjo que comparteixi amb mi la patacada definitiva, que s'adoni que no m'havia d'haver canviat d'escola.

En Sergi-vida em diu que, amb tot això, l'únic que hi surt perdent sóc jo, que penjant el curs, perdo vida, temps que seria bo per a aprofitar fent el que m'agrada, com el tennis, per exemple. Però ell no ho pot entendre prou. Si hagués aprofitat el curs com un bon noi hauria estat com donar la raó al meu pare. I no vull!

—Oi que no, Bob?

El meu gos m'entén, ell està de la meva banda. N'estic segur. Ho sé perquè —i això els qui teniu gossos ho haureu pogut comprovar— amb els ulls ho diuen tot. Quan no estan d'acord amb tu, acoten el cap i fan una mena de remuc llastimós, de desaprovació. En canvi, quan estan d'acord amb el que hom diu, aixequen el cap cofois i treuen un pam de llengua mentre fan anar la cua d'un cantó a l'altre.

Em sap greu reconèixer que m'entenc més amb ell que no pas amb el pare i això no vol pas dir que jo no me l'estimi, el pare, no és això. Però bé, és millor que ho deixem estar.

—Oi que no m'entén el pare, Bob?

I el gos altre cop m'ha donat la raó.

***

La mare no veu de bon grat l'amistat que tinc amb l'Antonio. Em sap greu perquè jo amb ell cada dia em sento més unit. "Aquest noi no fa per a tu, Òscar, rei", em diu sovint.

"Per què?", li he preguntat quan em fa alguna observació d'aquest tipus.

I ella sempre em contesta el mateix: "Que si les nostres maneres de viure són molt diferents, que si és un noi que no té estudis...".

Prejudicis!

La veritable amistat no hi entén, de fronteres d'aquesta mena. És el cor, els sentiments, el que compta. L'Antonio m'ha fet adonar d'un munt de coses a les quals jo, abans, no donava cap importància: el plaer de compartir, de sincerar-te sense pensar de quedar bé, que pots ser tu mateix.

Per la seva banda, l'Antonio m'ha dit que està molt content d'haver-me conegut. Ell tenia una altra imatge dels rics. Pensava que tots eren un creguts i uns inútils que no sabien fer res sense el papà. Encara que, i en això hi estem tots dos d'acord, hi ha gent d'aquesta espècie.

***

La meva mare ho vol dissimular, però en realitat el que li cou és que sigui amic d'un noi pobre, d'un noi del carrer.

No m'ho diu directament perquè sap que em posaria fet una fera, però em sembla sentir-la: "Què diran els nostres amics, si et veuen amb un noi com aquest?".

A la merda, els "nostres" amics!

Ja veig prou el que me'n puc fiar "dels amics de tota la vida". Els meus antics companys mateix, fins i tot en Lluís, d'ençà que vaig canviar d'escola, han passat de mi olímpicament.

La Maria, a vegades, hi fica cullerada i em diu que sóc injust amb ells, que de fet sóc jo qui els rebutja i se n'aparta. I afegeix que tampoc no em porto gens bé amb aquest noi de l'escola nova, en Raül. "I com ho saps tu, si em porto bé o no?, li dic empipat.

I ella em comenta que sempre me'l trec de sobre quan truca i que no sent mai que jo li truqui a ell.

La que faltava, que m'espiï!

Potser té raó la Maria, no ho sé, el que és cert és que darrerament m'empipo amb tothom.

Maleït sia! No sé el que vull!

***

Aquesta setmana, per allà el dimecres vaig demanar a l'Eugènia per sortir.

"Digues-li-ho d'una vegada!", m'encoratjava en Raül, que, dolgut per haver-me donat una pista falsa, intenta propiciar el nostre acostament.

L'Eugènia em va dir que no podia, que, fins que no s'acabés el curs, estava segrestada.

Ella encara ho té pitjor que jo. A mi, almenys, em deixen el dissabte lliure. Deu ser veritat el que em diu de la companya del seu pare.

Malgrat que no sortiré amb l'Eugènia, el cap de setmana se'm presenta bé. Si més no, sortiré amb l'Antonio i la seva colla. Jo preferia anar amb ell només, però em sap greu dir-li-ho. De tota manera podré gaudir d'una llibertat completa.

Els pares se'n van a casa de la germana del pare i en Sergi els acompanya. Jo no en tinc cap ganes d'anar-hi i, amb l'excusa que he d'estudiar molt, em deixen quedar.

Hem quedat de trobar-nos al centre. Agafaré un autobús per anar-hi, prou que després ja caminem força anant amunt i avall.

Encara no sé on anirem. Acostumem a anar més a les zones que coneix l'Antonio que no pas per les meves. De fet ell només ve per aquí quan ve a casa —hi ha vingut un parell de vegades més—, però quan sortim fora anem pel "seu territori", m'hi sento més còmode. I no és pas perquè m'avergonyeixi d'ell, no és això, és que em sembla que el meu barri, que el meu entorn, ja no em pertany.

# 16. Sospites

Ara, és un quart de deu de la nit. Les llums del capvespre es comencen a esvair per a donar pas a la claror elèctrica de l'enllumenat del carrer. És un moment màgic.

Hem quedat a dos quarts amb l'Antonio, aquí, a la Plaça Catalunya, davant del Corte Inglés, evidentment.

He vingut més aviat perquè tenia ganes d'estar-me per aquí una mica jo sol. Volia tornar a trepitjar el terra llis i brillant del centre de la plaça. Quan era petit hi venia de tant en tant amb l'avi. M'agradava molt donar menjar als coloms. Em sentia important en veure com se m'amuntegaven per picotejar de les meves mans les veces que jo els oferia. Alhora, també em feia una mica de por.

***

Un vent fort m'esquitxa amb l'aigua que ve d'una de les fonts. Fa dotze anys, les veia immenses, les fonts, quasi gegantines. La remor de l'aigua sembla xiuxiuejar-me algun secret, potser és l'hora màgica aquesta de què parlava, però avui noto que hi ha alguna cosa diferent en l'ambient.

Per allà veig com s'acosta l'Antonio. El temps m'ha passat molt de pressa.

Creuo la plaça i em confonc entre la multitud que, o bé està de pas, o espera per a trobar-se amb algú.

—Hola...

—Bona nit..

L'Antonio m'ha contestat amb un bona nit estrany, trist. Avui els seus ulls brillen d'una manera especial.

Com si hagués entès el meu desig, anem sols. No ve amb nosaltres cap dels seus amics.

I alhora, amb les mans a les butxaques d'uns texans molt descolorits, enfila un camí cap avall que jo segueixo.

—Què et passa? Fas mala cara...

—*No pasa na...*

Jo sé que no és veritat. No és el xicot de sempre. El noto absent, distant.

Però potser són manies meves i decideixo no pensar en res i deixar-me portar per les cames que, al costat de l'Antonio, es dirigeixen Rambla avall, cap al carrer de l'Hospital. De ben segur que anirem al Raval, és un camí que acostumem a fer i sembla que les passes ja ens hi menin. Tanmateix, tot i que ho intento, em sento envaït per una sensació estranya que em diu que les coses no van a l'hora.

No sé per què m'han de passar aquestes coses.

I com que no puc més, li ho dic.

—Què coi et passa, avui? Au, treu-t'ho del pap! Per a això hi som els amics, no?

I m'ha mirat amb uns ulls profunds que dibuixaven una abisme immens.

Deu tenir problemes d'algun tipus i no s'atreveix a dir-m'ho, potser en un altre lloc...

—Anem a casa —li he proposat.

—No! —m'ha dit sobtadament, esverant-se molt.

M'ha deixat sorprès. Fins ara, sempre li ha agradat venir a casa, xerrar amb la meva família, compartir les meves coses...

—*Necesito aire*...

Potser és això, deu ser que no es troba bé.

***

Els vells murs de l'Hospital de Sant Pau brillen d'humitat, una humitat que fa reflectir els fanals del carrer encesos. Noto com la rellentor del final de primavera se'm cala als ossos amb la mateixa força que la incertesa de no saber què passa.

De fet, què faig aquí?

Anem caminant i l'Antonio entona una trista melodia que interrompo per dir-li que vull parar, que estic cansat.

Un banc de pedra ens serveix de seient. L'Antonio ha entaforat el cap entre les cames i de sobte, en aixecar-lo, una forta bafarada de cervesa que surt de la seva boca em bufeteja els narius.

—Has begut, oi?

—*Un poquiyo*...

—Un munt, diràs! Mira, noi, val més que ho deixem córrer per avui, tu tens un mal dia i jo, bé val més que me'n vagi a casa...

No!

La seva cara lluïa el desesper, una confusió que si ell no m'explicava jo no podia entendre.

—*E er Ismaé, eztoy preocupao*..

—Vaja! Era això! Podies haver-m'ho dit abans! Què, que s'ha tornat a ficar en un altre embolic?

L'Antonio m'ha fet que no amb el cap mentre tot ell es convulsionava —deu haver begut massa cervesa—, i s'ha deixat anar en una mena de sanglots.

No sé què fer.

—Escolta'm, Antonio, no estàs fi. T'acompanyaré a casa teva i jo me n'aniré a...

—*A tu caza, no!*

—Però, què caram et passa? Me'n vaig a casa i punt!

—*¡No! Quédate conmigo...*

—Per què? Per aguantar el teu mal humor?

—*Pa ezo eztamo lo amigo...*

—Ja, i ho he intentat, però portem dues hores anant d'un cantó a l'altre sense sentit i la veritat, jo també m'estic posant de mal *rotllo*. Val més que ens n'anem cadascú per la seva banda.

—*No vaya a casa...*

I, en mirar-me'l, he notat un calfred que em sotragava tota l'espinada.

—Què està passant, Antonio? De què tens por?

—*¡Que no passa na, que te quede conmigo, te digo!*

—Aquest interès que no vagi a casa, que em quedi amb tu... Què m'amagues?

Els meus ulls i els d'ell s'han trobat en una cruïlla perillosa. Un sentiment de dolor amarg m'envaeix i una ràbia continguda està a punt d'explotar.

—Alguna de grossa n'està passant i sé que està relacionada amb mi i, si tu no m'ho vols explicar, jo mateix ho esbrinaré.

—*Ezcusha...*

Però ara ja no he volgut sentir les seves explicacions i m'he llançat a una cursa forassenyada cap a casa meva.

He sentit com l'Antonio intentava anar-me a l'encalç, però jo sóc més ràpid i, a més, ell va begut. Els seus crits m'arribaven cada vegada més llunyans tot i que podia sentir com deia —desesperadament— que jo era el seu amic i em repetia que em quedés amb ell, que no anés a casa, que era perillós.

Li estava agafant avantatge per moments. D'alguna cosa m'havia de servir el dur entrenament de tennis. L'Antonio és molt veloç, però en distàncies curtes. No té la meva capacitat de resistència.

Perillós, l'Antonio tota l'estona m'ha dit que era perillós anar a casa. Per què?

Ho tinc molt clar. He d'anar-hi corrents.

Tot d'una, com si m'haguessin donat un cop al cap que em fes recuperar la memòria perduda, veia el que estava passant.

Que estúpid havia estat! Que ingenu!

És clar que volia ser el meu amic!

Ho han premeditat tot molt bé i dic "han" perquè n'hi ha més d'un al darrere d'aquesta història. I ja em puc imaginar qui és.

Era un bon pla, no hi ha cap dubte. La Maria sortia a la nit, en Sergi i els pares eren fora. I ell em tenia ben calçat al seu costat. Però l'ha traït la seva cara de quinqui de merda.

# 17. Lluites

Un cop m'he desempallegat de l'Antonio, he aturat un taxi perquè em porti a casa. Són a prop de dos quarts de dotze de la nit i el taxista condueix sense problemes de trànsit. Malgrat que és un divendres i tot just ha començat el cap de setmana, avui la ciutat és força buida. Així doncs, en un tres i no-res em trobo a casa.

El cor em batega de pressa d'impaciència. I tinc por.

Potser hauria de trucar a la policia, però ja ho faré si cal. No vull complicar les coses abans d'hora. Tanmateix és molt difícil que algú pugui entrar, l'alarma es connectaria, però tal vegada, l'Antonio ha proporcionat als seus sicaris la clau de l'alarma. Fàcilment pot haver agafat les claus de casa meva, haver-ne fet còpies, qualsevol cosa... Només cal que me'n recordi de l'habilitat amb què va obrir aquell cotxe que hi havia aparcat al carrer.

Maleït gitano!

Pago el taxista i m'apropo a casa tot observant si veig alguna cosa sospitosa. Res. El carrer està en calma, quasi desert. Les cames em tremolen, potser hi ha algú dins.

Truco a la policia o no li truco? Què faig?

És difícil de decidir. Si ho faig, m'atabalaran amb preguntes que no vull contestar. D'altra banda, l'Antonio m'ha dit que era perillós.

Per què?

El seu germà, l'Ismael aquest, hi deu tenir alguna cosa a veure.

Per què ho has fet, Antonio, per què?

***

He decidit tirar pel dret i passar de la policia. Peti qui peti. Un cop hagi entrat, potser ja no podré tornar enrere. Però, ben pensat, no m'importa. He de tirar endavant una situació que jo mateix m'he buscat.

A més, ningú no pot entrar fàcilment a l'edifici i l'ascensor em deixarà dins de casa mateix.

A través del vidre de la porteria dono una llambregada ràpida amb la mirada i no observo res en especial. Al capdavall, potser tot són manies meves, l'Antonio anava begut i deia ximpleries...

—*Como grite, te rajo aquí mizmo* —he sentit de sobte a cau d'orella mentre noto com al costat dret alguna cosa que em punxa, una navalla, imagino, i un braç m'atenalla pel coll amb força tot arrossegant-me cap a un racó obscur de la porteria.

No puc respirar. Només un filet d'aire m'entra per la gola xafada pel braç.

—*Y ahora, nene, tú y yo vamo a zubí a tu caza...*

M'ho diu quasi xiuxiuejant, però puc copsar ràbia i rancúnia en les seves paraules.

A trompades, em fa entrar dins l'ascensor. Per poder obrir la porta m'ha deixat de punxar uns breus instants, però sense treure'm el braç que m'envolta el coll.

Si no afluixa una mica, m'ofegaré.

L'ascensor és molt ràpid, però la pujada se'm fa interminable i no em trobo bé. El pànic s'ha apoderat de mi, i més en veure dins el mirall de l'ascensor la seva cara. S'assembla molt a l'Antonio...

—¡*Abre ya!*

Llavors, em deslliura del braç botxí, però noto la fulla de la navalla que em punxa amb força, que se'm clava.

—¡*Date prisa!*

Malgrat els nervis, les claus giren fàcilment pels forats els panys —n'hi ha més d'un— mentre la porta fa un suau grinyol en obrir-se.

El silenci em fa mal —on és en Bob?— i la meva mà dreta, en un intent desesperat, busca el timbre per donar l'alarma.

—¡*Otra tontería y te degüeyo!* —exclama amb molta ràbia, fent-me entrar cap a dins.

Al cap d'un moment, apareix en Bob —això no s'ho esperava aquest bèstia— i l'intrús em deixa anar. Jo ho aprofito per dirigir-me cap a la porta, mentre en Bob se li abraona al damunt.

Uns udols llastimosos em paralitzen de cop en la meva fugida. En Bob jeu a terra i no s'aixeca.

—Fill de puta! Què li has fet?

La ràbia i la impotència em fan oblidar el perill sense importar-me el que em pugui passar.

Estem l'un davant de l'altre, sols, amb l'única companyia de la solitud.

—Ets l'Ismael, oi?

No em contesta, només em somriu mentre es va passant la navalla d'una mà a l'altra, amenaçant-me, barrant-me el pas.

—*Y ahora, er señorito me va a desí donde eztá er dinerito de su papá.*

—Vés a la merda!

—*Pa se un payo, no ere un cagao...*

De sobte, m'arracona cap a la paret i em posa la navalla al coll. De reüll miro el pobre Bob, que, ajagut a terra panteixa horriblement. I, a mi, em torna el pànic.

*—Er Antonio no quería que m'acercase a ti ni a tu familia, no quería, no, pero a mí m'ase musha farta…*

***

De cop, uns cops a la porta fan que la nostra atenció es concentri cap ella, però l'Ismael, lluny d'oblidar-se de mi, em torna a engrapar el coll.

Els cops cada vegada són més forts.

—¡*Maldita sea!*

Sense deixar-me anar, el botxí d'en Bob para orella contra la porta.

*—Abre, Ismaé, sé que eztà ahí!*

És la veu de l'Antonio!

L'Ismael obre la porta per deixar-lo entrar i la tanca tot seguit sense deixar-me anar ni un trist moment. El llum del replà que s'ha filtrat un moment m'ha permès veure la meva samarreta tacada de sang pel costat on m'havia punxat amb la navalla.

—¡*Suéltalo, Ismaé!*

L'Ismael, que em continua tenint presoner del seu braç, amenaça amb la navalla el seu germà.

*—Serà mejó que te vaya por donde ha venío, Toño.*

Potser no m'ha traït, l'Antonio. Sembla que vulgui defensar-me i jo, encoratjat amb aquesta idea, intento amb totes les meves forces desfer-me de l'Ismael, però un cop terrible de colze a la boca de l'estómac em tira pel terra.

Estic atordit. Tot està passant molt de pressa i el cap em fa molt mal. En caure m'he donat un cop amb un moble que tenim a l'entrada.

No em puc aixecar. Tot em dóna voltes, però encara no he perdut la consciència completament. Puc sentir com els dos germans es barallen furiosament.

—¡*Te dije que no lo tocarà, mal nasío!*

*—No le haré na, si eztay quietesito lo do, primero he de "limpiá" la casa.*

*—Madre yora por ti cada dia que pasa, Ismaé, ¡vete ya!*

L'Antonio se li llança al damunt i li vol agafar la navalla.

*—¡Quita ya, entrometío!*

*—He avisao la pasma, Ismaé, ¡vete ya!*

En sentir-ho, l'Ismael es transforma en una bèstia salvatge disposada a tot.

No em puc moure amb rapidesa, em sento impotent perquè els meus músculs no m'obeeixen, però sóc conscient que he de fer alguna cosa per aturar aquesta baralla.

En un intent desesperat llenço a l'Ismael un cendrer de marbre que li va a petar al bell mig de la cara. Això fa que momentàniament li caigui la navalla. Aleshores, entre l'Antonio i jo, aconseguim tirar-nos damunt d'ell, però no sé com s'ho fa l'Ismael, que torna a agafar la navalla i alhora la clava amb força al ventre de l'Antonio.

—¡*Muérete, traidó de mierda!* —exclama amb ràbia mentre escup al cos de l'Antonio, que jeu contorsionant-se intermitentment al terra.

Tot seguit, se sent arribar una sirena de policia.

I com un esperitat, l'Ismael surt de casa abraçat al seu odi.

# 18. Confessions

Han passat ja uns minuts des que l'Ismael ha marxat i la policia no arriba, jo creia que ja venien cap aquí, però no sento la sirena.

Temo per l'Antonio. Li surt sang per la boca i no para de tremolar.

—*Ecusha, pijo…*

—No parlis, ara...

He d'actuar de pressa. Agafo el telèfon i truco a informació. Em donen el número del servei d'ambulàncies d'urgències i truco tot seguit.

Per què em fan esperar tant?

—Sí, carrer Manuel Girona... sí, a l'àtic segona.

En penjar, torno tot seguit al costat de l'Antonio. No sé pas a on dimonis li deu haver punxat aquest mal ànima, que no para de brollar sang per la ferida. Prou que intento tapar-la amb una bola que he fet amb mocadors de paper i amb les mans...

Déu meu, que vingui aviat l'ambulància!

I en Bob, pobre Bob, em sembla que no respira. És horrible veure el seu pelatge vermell confós amb la seva mateixa sang...

—*Escorta, pijo.*

L'Antonio m'agafa fort una mà i fa intents d'incorporar-se.

—Estigues quiet! Aguanta una mica que aviat vindrà l'ambulància...

—*Escorta, vuy que m'escortis...*

De res no serveixen els meus precs perquè calli. Així que m'acosto a ell tant com puc per sentir-lo. L'Antonio parla molt baixet.

—*Yo no volia... no volia.*

—Ja m'ho explicaràs quan et trobis bé, deixa-ho estar, ara.

Però l'Antonio no em fa cas i s'entossudeix a explicar-se. Sembla que el seu germà havia aparegut feia pocs dies per casa seva. Necessitava diners —com sempre— per xutar-se. En saber que l'Antonio era amic meu, va voler aprofitar-se de la situació i es va assabentar de la meva adreça i de les meves activitats. De primer, volia fer una "feineta" conjuntament amb el seu germà petit. En negar-s'hi aquest, l'Ismael va decidir actuar pel seu compte.

—M'ho havies d'haver dit...

I l'Antonio m'explica que tenia por que jo truqués a la policia, que d'altra banda ell no volia delatar el seu germà, que només ho ha fet quan ha vist que jo podia estar en perill. I m'ha repetit una i una altra vegada, que jo era el seu amic, el seu amic *pijo*.

***

La policia i l'ambulància gairebé apareixen alhora i aquesta última s'emporta l'Antonio. Jo els demano per acompanyar-los, però la policia em diu que els he d'acompanyar a ells, que he de declarar.

Mentrestant, m'assabento que han enxampat l'Ismael quan intentava obrir un cotxe per fugir i un dels infermers em confirma que en Bob és mort, ben mort, i de cop, em sento com si la sang no em circulés per les venes, com si m'hagués quedat de pedra. Ja no tinc el cor encès, el tinc glaçat.

***

La bomba que tant esperava que esclatés, ho acaba de fer. No m'hauria imaginat que les coses anessin així. Volia un final de curs diferent i realment ho ha estat. El problema és que no sé pas de què m'ha servit, perquè estic com al principi, sol.

L'ambulància s'ha emportat l'Antonio i jo m'espero a la comissaria que em prenguin declaració. M'han dit que han de fer un informe.

Abans, però, m'han dit que truqués als pares.

Assegut en una cadira tronada d'un despatx que encara ho és més, em sento imbècil contestant un interrogatori que em resulta poca-solta.

Què volen que els digui?

No tinc cap ganes de parlar. I, de fet, jo sé ben poca cosa.

Rere uns bigotis i unes ulleres amb vidre de cul de got, un policia —sense immutar-se— em va preguntant els fets mentre omple un munt de paperassa.

—Jo només coneixia l'Antonio Carmona, som amics, però sé que l'altre és el seu germà.

M'assabento que l'Ismael és un delinqüent buscat, que des de ben petit ha ocasionat tot tipus d'aldarulls i que era autor de molts robatoris i possiblement de més d'un homicidi.

Passa l'estona i el poli m'ofereix aigua per beure.

Me la bec d'un glop, tenia set.

Miro el rellotge, són quarts de dues de la matinada. Crec que ja no trigaran a arribar els pares. És un cap de setmana que no oblidaré en tota la meva vida.

Una profunda tristesa m'envaeix. Tot em fa voltes i em sento confús, cansat. Em fa mal el coll i el comissari em diu que m'hauré de curar la ferida que tinc al costat, que ho havia d'haver dit als de l'ambulància.

***

No vull sentir ni veure les cares dels meus pares ni sentir els seus retrets que em ressonen dins el cap: "Ja t'ho havíem dit, aquest noi no feia per a tu". Fins i tot puc sentir la Maria: "Els nois del carrer són diferents, Òscar". I també en Sergi-vida: "No el coneixes de res, pot ser perillós...".

Algú entra al despatx per avisar el poli i aquest surt deixant anar una mena d'esbufec. Està molt gras i li ha costat aixecar-se de la cadira. I a més, és molt tard i deu estar cansat.

Al cap d'uns deu minuts, entra altre cop, aquesta vegada, acompanyat pels meus pares i el meu germà.

Ja em puc preparar per al xàfec.

—Òscar, rei... —em diu la mamà mentre em fa un petó.

El pare, des de la porta, em mira amb tendresa, feia molt de temps que no em mirava així. Llavors també se m'acosta i tot agafant-me per l'espatlla em diu:

—Anem cap a casa, noi.

***

De retorn a casa, anem tots quatre en silenci dins el cotxe. No li vull dir res de la ferida, a la mamà, s'espantaria i el pitjor del cas és que potser cridaria el doctor Camprubí. Ja ho diré al pare o a la Maria.

En arribar, la Maria ens espera nerviosa per saber què ha passat i en Bob, pobre Bob, ja no podrà esperar-me mai més.

Passem la nit en vetlla tots junts, la Maria també ha estat una bona estona amb nosaltres fins que ha cregut que ens havia de deixar sols i ella i en Sergi-vida se n'han anat a dormir.

Hem parlat molt, amb els pares vull dir, fins que m'he desfet en un plor sentit i amarg. Avui per primera vegada en molt de temps m'ha semblat que recuperava moltes coses que havia perdut.

De sobte, la mamà s'ha adonat de la meva samarreta bruta de sang i ha anat tot seguit a trucar per telèfon (al doctor Camprubí suposo). I llavors ens hem quedat el pare i jo sols.

—Ho sento, potser no t'havia d'haver canviat d'escola —m'ha dit de sobte.

I jo li he dit que també ho sentia i que volia que a partir d'ara canviessin les coses, que volia estudiar però que també em volia dedicar al tennis.

I m'ha dit que sí i que m'estimava molt.

***

Són dos quarts de nou del mati del diumenge. Per sort, la mamà no ha trobat el doctor Camprubí —devia ser fora el cap de setmana— i ha vingut un metge d'urgències que ha recomanat que em posessin punts a la ferida, tot i que aquesta, sortosament, no era de gravetat.

—Voldria anar a veure l'Antonio —els he demanat als meus pares.

El cotxe del pare llisca suaument per la Diagonal. Ha plogut i l'asfalt brilla amb uns tímids raigs de sol que lluiten per sortir d'entre els núvols. En Sergi va mig adormit dins el cotxe i la mamà aprofita per pentinar-se i maquillar-se una mica. La veritat és que hem sortit de casa amb moltes presses. Però no hi fa res, tots tenim moltes ganes de veure l'Antonio.

# 19. Teixint il·lusions

Som a les acaballes de juliol i el sol s'ha cuidat de fer-me sortir més pigues —si és possible encara!— malgrat les cremes i filtres solars de tota mena amb què intenta protegir-me la mamà.

—Tenim la pell delicada, Òscar, rei —em diu tothora.

Però jo me n'oblido gairebé sempre i després he de suportar la coïssor de la meva pell de reminiscències irlandeses (la meva besàvia ho era).

Com cada estiu per aquest època, sóc a la Costa Brava, a Sant Feliu de Guíxols, i d'ençà d'aquell cap de setmana ja ha passat més d'un mes i mig. A vegades, he de fer autèntics esforços per convènce'm a mi mateix que el passat curs no ha estat un miratge.

El resultat del curs no ha estat gaire positiu, malgrat l'esforç dels últims dies. No hi ha miracles! El proper curs m'hauré d'esforçar de valent.

En Raül ha vingut aquesta tarda. Passarà uns quants dies a casa i de pas m'ajudarà a estudiar i jo, a canvi, l'ensenyaré a jugar a tennis. Amb el papà hem arribat a un bon acord i podré disposar de més temps per als entrenaments.

En aquest moment, en Raül i jo estem al jardí just en el lloc on vaig enterrar en Bob. Sé que el meu gos —si hagués pogut triar— voldria estar aquí. Li encantava córrer d'un cantó a l'altre agafant les pinyes que cauen dels pins per portar-me-les frisosament amb la boca; l'entusiasmava que jo les hi llancés, com més lluny millor, fins que jo me n'atipava perquè ell no se'n cansava mai.

—Què en saps, de l'Antonio? —em pregunta en Raül.

—Molt millor, de fet ja està bé, però encara ha d'anar amb compte.

I això serà impossible perquè no pot parar mai quiet.

—Quant tingui edat per treballar ho farà en un taller mecànic que hi ha aquí a Sant Feliu —li explico—; és el mecànic del meu pare i sempre li ha comentat que, sobretot a l'estiu, li falten mans. A l'Antonio li agraden molt els cotxes i va estar encantat quan li ho va proposar el pare. De moment, ve de tant en tant, per acostumar-se al lloc, a la gent.

Vaig suggerir a l'Antonio que es quedés a casa un temps i ell em va contestar que m'ho agraïa, però que no, que ja em vindrà a veure. I que si es vol quedar que serà molt feliç quedant-se a dormir a la platja, que el cel està cosit d'estels a l'estiu. Jo li vaig dir que estava prohibit dormir a la platja i ell em va contestar que era un *relamío*.

La mamà va ser qui m'ho va proposar, això que vingués a casa nostra, i li ho agraeixo molt perquè estic convençut que ella continua tenint les seves manies.

—I l'Eugènia...?—em pregunta en Raül amb un somrís maliciós dibuixat als llavis.

—Aquest mes ha estat a Menorca amb el seu pare i la "bruixa" com diu ella, i ara se'n va a Londres amb la seva mare.

—Això ja ho sé, vull dir... tu i ella... què? —em pregunta insistent.

—Si, home, vas bé si creus que t'ho diré! Perquè després ho vagis esbombant!

I me'l miro molt seriós fent veure que estic molt enfadat per la seva tafaneria quan en realitat tinc moltes ganes d'explicar-li que ens va molt bé, que m'agrada molt l'Eugènia i que jo també li agrado a ella, però que de moment tenim aquest estiu de parèntesi, que ja veurem.

Mentre parlem, jugo amb la terra del jardí, l'agafo i deixo que molt a poc a poc se m'escapi dels dits. M'agrada notar-ne el contacte.

De sobte, en Raül es queda molt seriós i després d'un breu silenci em pregunta:

—Per cert... el curs que ve... vindràs a l'escola?

Em quedo callat i me'l miro fit a fit fent cara transcendental, de circumstàncies, fins que li vento una bona plantofada a l'esquena i li dic:

—Et pensaves que et lliuraries de mi! Ni t'ho creguis! Tens Òscar Ribalta per estona.

Em sento molt bé, ja no tinc foc al cor, només esperança.

***

Passem la resta de la tarda "al costat" d'en Bob, explicant-nos, deixant al descobert els nostres sentiments, teixint unes il·lusions que no volem que ens fugin de les mans com aquesta terra que, tot relliscant, se m'escapa dels dits.

# ÍNDEX